La sirène du candidat en ex-île
(Lodyans)

La sirène du candidat en ex-île
(Lodyans)

Du même auteur:

Les enfants malades de Papa Doc. (2015)

Chronique de la décadanse du chef suprême. (2016)

L'Avènement au pouvoir du professeur Leslie Manigat. (2017)

Caricatures de république bananière. (2018)

Ces caricatures qui nous gouvernent. (2018)

Tales from the island of Papa Doc. (2020)

Copyright © 2025, Castro Desroches, Populire Editions, Florida.

All rights reserved. No parts of this publication may be reproduced, stored in a retrieval system, or transmitted, in any form or by any means, electronic, mechanical, photocopying, recording or otherwise, without written authorization of the author.

ISBN: 979-8-9910154-8-6

For information, email:
cdesroches2000@aol.com

Dédicaces :

À Mᵉ Franketienne, l'artiste total, absolu, parti trop tôt sur son cheval de l'avant-jour.

À Mᵉ Philo, ami de la sagesse et éminent poète des *Iles qui marchent*.

En hommage au demi-siècle de notre alma mater, le Collège Jean Price-Mars.

« Il est des instants qui méritent les attentions du monde entier ; celui que nous vivions ce jour-là méritait que la terre s'arrêtât de tourner. »

Yasmina Khadra

« Les bonheurs futurs, comme les rivages des tropiques, projettent sur l'immensité qui les précède leurs mollesses natales, une brise parfumée, et l'on s'assoupit dans cet enivrement sans même s'inquiéter de l'horizon que l'on n'aperçoit pas. »

Gustave Flaubert

L'Appel du désir

En ce temps-là, je buvais jusqu'à la lie les élixirs de l'exil...

La boîte de nuit grouillait de monde. Un monde bigarré, éclectique, en quête de frissons et de corps-à-corps. C'était l'été. Le soleil s'était retiré dans ses derniers retranchements, mais la chaleur était là, encore palpable dans l'atmosphère festive, jubilatoire, et la moiteur du crépuscule.

Flâneurs et courtisanes en émoi, damoiseaux et demoiselles en chaleur dans la quadrature du cercle d'une boîte à musique.

« Excellence, vous pouvez avoir mon vote autant de fois que vous voulez ! »

C'est avec ces mots emplis de langueur et très peu ambigus à mon sens que cette charmante créature manifesta son adhésion à la noble cause que je venais d'embrasser.

Dans la fièvre du samedi soir, je sirotais une bière dans ce dancing perdu de la banlieue de Long Beach lorsqu'elle vint à moi comme *Hadriana dans tous mes rêves* ou dans *Journal d'un animal marin* de mon compatriote René Depestre.

On eût dit une déesse égyptienne. Elle était grande et svelte comme ces divas de flamants roses que l'on voit sur les plages du grand Sud en train de se pâmer au soleil en attendant l'arrivée d'un peintre local ou d'un photographe de *Travel Magazine*.

- Seriez-vous par bonheur le candidat de la diaspora qui fait tant parler de lui ?

- Plaît-il ?

- Ne soyez pas si cachotier avec moi. Je vous ai tout de suite reconnu. En fait, je vous aurais reconnu entre mille.

Je n'en croyais pas sa bouche, la cadence de sa voix, le mouvement émotif de ses lèvres. Je n'en croyais pas ses yeux, ses narines frémissantes de délices anticipées. J'étais déjà en état d'envoûtement.

C'était une apparition dans la plus pure acception de Maurice Sixto ou de François Truffaut. Ses deux trésors fermement exposés par un fin corsage de flanelle faisaient des dettes pour toute la République. A mon avis, elle était elle-même en état de grâce.

Sans crier gare, son parfum de femme en fleur à l'orée du printemps prit possession de mon bon ange. Elle me virait l'horloge et je voyais une heure avant minuit.

Ma langue fragilisée par tant de douces émotions trouva pourtant assez d'élans et de ressources pour lui répondre avec une pointe de candeur et d'élégance du temps-longtemps : « Pour vous servir, mademoiselle ! »

La suite, vous l'avez sans doute devinée. Ce ne fut que romance. Une douce idylle dans la magie de la nuit. Sur la piste de danse où l'obscurité étalait ses charmes impudiques, son corps sage se nouait à mon corps tandis qu'elle vouvoyait à mon oreille gauche de la poésie pure « Excellence, vous avez mon soutien. Je suis à vous à vie ! »

Lorsqu'en fin de soirée elle me dit à mi-voix : « Pourriez-vous me donner une roue libre dans votre machine ? », je ne me fis pas prier. Elle venait de parler à un vieux routier qui connait tous les méandres, les moindres sinuosités, tous les recoins de ce canton iconique de Long Island.

C'est depuis ce soir-là que sa rue, Rose Avenue, au cœur du quartier de Floral Park, est devenue ma terre d'élection. J'ai été élevé au rang de gouverneur de la rosée de ses arbres musiciens.

Dans le manoir gothique, séculaire, où elle résidait, la chambre nuptiale avait l'apparence d'un boudoir d'une coquette du dix-neuvième. Elle exhalait un parfum subtil de romarin et était artistiquement décorée de curiosités alléchantes et de fleurs de négritelle.

Selon une légende nordique, les mammifères à cornes qui consomment cette fleur produisent un lait qui ne se caille pas. Elle m'avait raconté cette anecdote sur le ton alangui de sa voix.

Il y avait dans sa chambre, dans sa suite, un décor exotique et hétéroclite. C'était comme si on entrait dans une autre contrée, dans une autre lande aquatique où l'on parlait une langue plus savoureuse. On eût dit qu'il fallait un sauf-conduit, une licence, un feu vert sentimental pour franchir la lisière et avancer sur du velours. On eût cru qu'il fallait à l'instant y enlever ses souliers et ses hardes : sa lévite, son gilet pare-balles, tous les oripeaux du dehors, toutes les parures de la civilité, pour s'y sentir à l'aise.

Son lit moelleux était à l'antichambre de la sobriété. Elle s'y laissait aller comme s'il n'y avait pas de lendemain, comme si son sang fiévreux l'avait condamnée à une passion despotique et intense.

Candidat à la candidature, candidat à la présidence ou candidat au bonheur ? Je ne saurais savoir. Je ne sais plus où j'en suis et si je suis combien.

La vie a plus d'un tour dans son sac. Elle prend parfois des courbes insolites, une trajectoire en spirale vers une version plus ample, plus radieuse, pour donner corps à des rêves, des fantasmes saugrenus tapis dans l'ombre, les labyrinthes de la mémoire. Elle nous prend par la main et nous amène vers des destinations étranges, sur un autre littoral, ou tout bonnement dans les corridors de la tentation.

Un samedi matin, à l'heure des premiers coloris de l'aube, à l'heure où les paroissiennes de Sainte-Bernadette allaient à confesse comme à la rivière pour se lessiver de leurs péchés véniels, mon amante me fit un aveu surprenant : dans sa prime jeunesse, à l'époque où elle fréquentait l'école congréganiste, elle avait caressé le dessein de se faire religieuse, contemplé la perspective de devenir nonne, de faire son stage de fille de Marie au palais de la Nonciature.

Ainsi soit-elle.

Toutes voiles dehors, elle se voyait en train de faire cap vers le couvent. Elle se voyait déjà avec ses savates de mille lieux et sa tunique de sœur de la sagesse. Elle se voyait très bien dans la position de missionnaire dans un pays frère comme l'Ile Maurice, la Côte d'Ivoire, le Mali ou le Liberia.

Je dois confesser que moi aussi, à l'âge de 9 ans, après ma première communion, je faillis devenir enfant de chœur. J'avais l'âme encore intacte, immaculée. Dans le panthéon de la sainteté enfantine, j'aurais pu facilement passer pour un chérubin, un séraphin, ou même Ti Jésus dans la peau d'un crabe.

Qui sait ? J'aurais pu avoir une brillante carrière de moine, de prélat, de chanoine ou de nonce apostolique.

Et pourquoi pas : candidat à la papauté !

Pour sa part, je ne sais pas si ma sirène aurait été enchantée d'être novice ou *mamè*. Une dévote égrenant un chapelet toute la sainte journée ? Une ingénue cloîtrée en *terre ceinte*, derrière les murs médiévaux d'une chapelle impénétrable ? Amante inassouvie du métèque de Bethléem à qui les femmes pieuses ont donné le doux nom d'Emmanuel ?

Je ne sais pas si cela aurait marché pour elle, si ses élans angéliques auraient survécu dans l'atmosphère claustrale et asphyxiante du couvent.

Echappée belle.

Je ne sais si elle aurait résisté à l'assaut de ces vénérables sacristains qui voudraient l'amener à l'autel.

Echappée belle.

Je la surprends parfois, sous la douche, en train de fredonner les airs d'une autre sirène du bon vieux temps :

« Tant que l'amour inondera mes matins

Tant que mon corps frémira sous tes mains

Peu m'importe les problèmes

Mon amour, puisque tu m'aimes… »

Avant elle, mon cœur était maussade, enseveli sous les décombres des annonces mortuaires. Ci-gît la vie. Chaque nouvelle mauvaise nouvelle de mon île était prétexte à la dépression, à l'insomnie, au vague à l'âme.

Mal du pays ? Spleen sentimental ? Montée incessante des périls ? Les scènes chaotiques défilaient dans ma tête comme dans un film d'horreur d'Alfred Hitchcock. Amas d'images fantasmagoriques. Crépitement de cartouches. La mort à bout portant, à crédit, au comptant. Images de deuil que l'on porte en soi comme un boulet.

Comment garder la tête froide ? Comment garder ses distances ? Comment tirer son épingle du jeu quand on n'a pas l'étoffe d'un vrai masochiste ?

De fil en aiguille, j'étais prêt à essayer n'importe quoi, n'importe quelle thérapie, une médecine de cheval, l'électrothérapie, la méditation bouddhique, transcendantale, ou même l'acupuncture pour crever mon mal de vivre.

Elle est venue, elle m'a vu et m'a embrassé. Elle a mis un baume sur mon visage inquiet. Muse bienveillante et salutaire, sa présence m'est devenue essentielle.

Je piaffe d'impatience lorsqu'elle est loin de moi. Je noie mon chagrin dans des verres d'absinthe.

Dans l'embrasure de la porte, dans les fentes des fenêtres, je la cherche des yeux. Je me laisse aller à une douce mélancolie. Ma bouche friande crie famine et dans ses draps, je me languis de chagrin.

Serait-il redondant d'ajouter que lorsqu'elle revient à moi, je vois la vie en rose ?

« Il savourait pour la première fois l'inexprimable délicatesse des élégances féminines. Jamais il n'avait rencontré cette grâce de langage, cette réserve du vêtement, ces poses de colombe assoupie. »

Gustave Flaubert

« J'ai le fétichisme des noms et le tien me séduit et m'affole. »

Mario Vargas Llosa

Elle s'appelait Zulie

Zulie, ma langoureuse amante, est enthousiaste à l'idée de devenir Première dame. Qu'importe s'il s'agit d'une république bananière ou d'une république pathétique. Elle qui postulait un rôle de figurant dans la pièce *Evita* à Broadway, elle ne pense plus désormais qu'à un titre réel, solennel, à l'île magique des Antilles.

Je prends un plaisir enfantin à écouter l'histoire de sa vie. Mes yeux pétillent d'intérêt. Dans le timbre de sa voix d'actrice en devenir, il y a un je ne sais quoi qui me transporte vers de lointaines destinations.

Serait-elle une ange ? Une étrange amerloque ? Une affable amphibie ? Une discrète incarnation d'Erzulie, la maîtresse de l'eau ?

Mystère.

Dans mes moments de lucidité, lorsque mon troisième œil s'écarquille à la *frontaine* de ma tête, je la soupçonne d'avoir une identité plurielle : fluide et versatile. Elle est comme ces poupées russes qui cachent sous la peau plusieurs mois : des avatars en miniature, plusieurs parcelles d'humanité.

Sirène jusqu'au bout de la nuit, elle a dix facettes différentes.

Elle est née à la Désirade, une île côtière de l'archipel de Guadeloupe. Du moins, c'est ce qu'elle m'a chuchoté au tuyau de l'oreille. Elle a émigré aux États à l'âge de treize ans après le passage du cyclone Sandy. Pourtant elle est restée une fille du Sud, une Créole au teint chaud égarée dans la mégalopole tentaculaire du Big Apple.

La voilà maintenant dans cette autre contrée, dans un autre état d'esprit, comme une sirène d'eau douce avec son peigne d'or dans le lit de la rivière Hudson, à l'ouest de l'île de Manhattan.

Elle n'a pas eu l'occasion de visiter mon amère patrie. Pas encore. Pourtant, elle semble la connaître par cœur : son passé antérieur, son plus-qu'imparfait, sa geste unique, sa réputation de terre fertile en révolutions de palais, ses turbulences de cratère en constante ébullition, ses déboires d'île-cercueil qui fait la planche dans le cimetière marin du Triangle des Bermudes.

Zulie est ancrée dans le sable, le soleil et la mer. Elle avoue volontiers que *La tragédie du roi Christophe* de l'Antillais Aimé Césaire est son livre de chevet. Elle adore également *Monsieur de Vastey*, la pièce historique du versatile poète, René Philoctète. Comme une bohémienne en quête de racines dans la mangrove du monde, Zulie est passionnée et fidèle envers mon île.

Avant même de me connaître, avant de jeter l'ancre dans la baie de mes bras, mon pays était pour elle une terre-mère, une patrie d'adoption. Les contes et légendes des sambas, les marivaudages de nos troubadours, l'univers romanesque de Marie Chauvet, de Jacques (Roumain et Alexis), tout ça semblait lui donner un plaisir textuel qu'elle ressentait dans son plexus solaire et son cortex cérébral.

Zulie m'a incité à lire *L'Art de la guerre* de Sun Tzu et *Les ingénieurs du chaos* de Giuliano da Empoli. Moi, je ne connaissais que Giuliano Gemma, le cowboy italien qui du temps de ma jeunesse faisait son beurre dans les westerns spaghetti au Ciné Sénégal.

Ah, cette femme ! Elle est impayable. Elle a un remède littéraire à tous mes maux, à tous mes symptômes d'infantilisme et d'anémie intellectuelle. Avant elle, je vivais dans une cave, à une époque antique, avant l'invention de l'écriture. Je me délectais de dessins muraux, de peintures naïves et rupestres qui racontaient des histoires de chasseurs et de gibiers.

Comme mes yeux candides ont toujours soif d'images, elle a mis à ma disposition une vaste collection de débats politiques datant des années sombres du noir et blanc ; l'époque où la télé était encore à ses balbutiements. J'ai beaucoup aimé cet épisode où un candidat âgé de 73 récoltes de café réagit ainsi à propos de son concurrent de 56 ans :

« Je ne vais pas exploiter la jeunesse et l'inexpérience de mon adversaire à des fins politiciennes. » Touché !

Pour toutes ces raisons, je suis fou de ma sirène. En vertu des pouvoirs discrétionnaires qui me sont conférés, j'ai décidé de lui décerner le titre de citoyenne honoraire de la ville de Port-au-Prince, avec tous les privilèges attachés à ce titre.

Dans sa quête d'excellence, dans sa campagne de charme, Zulie me récite parfois quelques passages de *Foukifoura*, de Frankétienne, avec la diction envoûtante, millimétrée, de Christiane Amanpour, l'ancienne speakerine vedette de CNN.

« La mélodie enchanteresse de la voix de cet ange eut attendri des cannibales. » Lorsque j'ai lu ces mots de l'honorable monsieur Balzac, j'ai su tout de suite de qui il s'agissait.

Une vie nouvelle d'amour et d'eau fraîche ?

Au creux de la vague, je me demande ce que je représente pour ma sirène. Aux yeux des femmes, les hommes politiques seraient-ils de meilleurs aimants ? Seraient-ils plus magnétiques que le commun des mortels ? A ses yeux de séductrice, serais-je une curiosité ? Un personnage théâtral et loufoque ? Un lunatique engagé dans une quête quichottesque et chimérique de pouvoir ?

Avec le plus grand sérieux du monde, elle m'appelle sans cesse « Excellence. » Excellence par-ci, Excellence par-là. « Président, ton café est prêt. Tu prends tes biscuits avec du beurre ou de la crème fraîche ? Tu veux de la papaye ou du melon d'eau douce ? »

Serait-ce un jeu pour elle ? Une supercherie ? Une surenchère de la langue, une débauche verbale, une orgie de mots tendres pour mieux m'amadouer, pour m'apprivoiser et me naufrager dans ses eaux cristallines ?

Pour assouvir mes faims patriotiques, elle me sert des plats de résistance et me régale de soupe au giraumont le dimanche. Elle épice ma vie avec ses saveurs océanes. Dans mes moments de faiblesse, elle me met à la diète de bouillon pied-bœuf, de *béga*, de cassave à mamba, de sirop-miel, de poisson gros-sel. Elle me donne le sein et désaltère ma soif avec l'eau de source qu'elle puise d'un cruchon bleu décoré de tortues.

J'avoue en toute franchise que je n'ai jamais été aussi gâté de ma vie. Sauf lorsque j'étais enfant et poupée favorite de ma marraine. Elle me gavait de titres affectueux : « Mon chou, mon chouchou. » Elle me donnait même du « choubouloute » en souvenance de cette chanson à succès du Jazz des Jeunes. Elle était si attachante ma marraine ; elle me gardait jalousement dans les plis de ses robes de madras et de carabelle. C'est ainsi que je suis devenu un fils à maman. Je ne pense pas avoir changé pour un sou. Je confonds souvent les femmes de ma vie avec ma Fifine d'antan. Parfois je gagne, souvent je perds, parfois je joue à qui perd gagne. Je m'attends à tout, à des trésors de tendresse, et même davantage.

Pourtant, je n'aime pas me complaire dans ce rôle traditionnel de maître et seigneur au foyer. Ça fait vieux jeu. Ça fait homme des cavernes. Que faire ? Cette idée farfelue de candidature a commencé à me rapporter des dividendes inattendus et excessifs.

Je ne voulais pas échouer comme une épave, comme un *dérive-ailleurs* ; finir ma vie dans un coquillage, dans l'amertume de l'ex-île. Je ne voulais pas faire de vieux os parmi les amérequins, devenir invalide et sénile loin de ma terre. J'avais une peur bleue du naufrage, de la pesanteur des ans.

J'ai trouvé mon butin, ma caravelle, mon étoile de mer. J'exhale à pleins poumons. Dans la presqu'île de Long Island, j'ai découvert mon elle au trésor.

Moi qui ne joue plus au hasard, ni à la borlette ni au baccarat, j'ai comme l'impression, la distincte sensation d'avoir remporté le gros lot de la roulette sentimentale.

Enfouie dans le sable, j'ai découvert la carte de cette contrée romanesque que les précieuses de la cour du Roi Soleil appelaient : le pays de Tendre.

A défaut d'être voyou, je suis devenu voyeur. Je me réveille de l'autre côté de minuit pour admirer les scintillements, les paillettes d'or de ma sirène. Monts et merveilles à moi ! Constellation d'écailles lumineuses. C'est à peine si je crois ce que je vois dans la pénombre. Elle n'en sait rien. Elle dort. Dans son sommeil, elle semble murmurer des vers d'Anthony Phelps : « Ne réveille pas l'eau de la joie. La nuit est jeune encore et la nouvelle aurore n'a point bouclé le cycle de sa maturation. »

Je songe à elle avec acharnement alors qu'elle est là, lascive, livrée à mes ardeurs. Je ne voudrais pas qu'elle sache à quel point je suis gaga.

Pour protéger mon doux secret, il m'arrive de jouer au *bel indifférent* de Jean Cocteau.

Rêve ou vécu ? La vie est un théâtre. C'est elle qui me l'a dit.

Quand je proteste gentiment contre les formalités et les titres pompeux dont elle m'affuble, Zulie me cite avec à propos un passage qu'elle a lu quelque part dans un roman de Laferrière : « Picasso n'a pas attendu d'être Picasso pour se prendre pour Picasso. » Se prendrait-elle, elle-même, pour Miz Littérature ?

Avec elle, tout est prétexte à l'ivresse. Elle entretient avec les livres une douce amitié. Visiblement, elle ne porte pas ses lunettes pour la beauté des verres et l'élégance de la monture. Sa vie n'aurait pas de sens sans le feu sacré des lumières, le feu d'artifice des images, le spectacle féérique des mots.

Elle lit des choses hétérogènes et disparates avec une jouissance jubilatoire, une avidité insatiable. On eût dit une autre forme de nymphomanie, une obsession textuelle à deux doigts de la folie ès lettres.

Elle est si éclectique dans ses goûts et ses couleurs. Je n'en reviens pas. Je perds le nord dans la forêt luxuriante de son érudition. Elle me rassure en m'affirmant qu'Anténor Firmin et le Général Soleil, Jacques S. Alexis, étaient aussi comme ça : des *toutistes*. Je n'en avais la moindre idée. Je n'ai pas eu la chance de poursuivre les études au point de les capturer. J'ai feuilleté çà et là quelques classiques dont les titres me ramenaient à mon point de départ : *L'île du docteur Moreau, Le vieil homme et la mer, L'aile captive, Cri pour ne pas crever de honte*. Je me souviens de quelques bribes éparses, éparpillées dans la calebasse de ma tête. C'est dommage. Comme ces bateaux décoratifs que l'on voit dans les bouteilles sans savoir par où ils sont passés, dès l'âge de la pubescence le démon de la politique s'est emparé de mon bon ange et l'a placé dans une dame-jeanne de clairin vierge. Du moins, c'est ce que m'a confié une diseuse de bonne aventure que j'ai consultée à Brooklyn, dans un péristyle qui avait l'air de jaillir d'une autre époque, d'un bayou de Louisiane.

J'ai gentiment décliné l'offre alléchante et généreuse de la mambo de faire de moi un féticheur ou un apprenti-sorcier.

Zulie me rajeunit la tête. J'admets que parfois je suis envieux d'elle. De sa curiosité, de sa préciosité, de ses savoirs aristocratiques. Elle est le genre de lectrice qui n'hésiterait pas à placer sur Amazon une commande pour un exemplaire du *Manuel de navigation à l'usage des anges*. On eut dit que chaque livre, chaque chef d'œuvre, est pour elle un mausolée, un monument de mots devant lequel il faut s'incliner au moins une fois de sa vie.

J'essaie autant que faire se peut de m'ajuster à cette nouvelle notoriété au sein de mon ménage. Je me hisse à la hauteur de la situation. J'enrichis mon vocabulaire de mots de toutes les couleurs. Je soigne ma diction. Sous sa houlette, je suis devenu un dictionnaire ambulant. Je roule les r. Je roucoule. Je mémorise les citations célèbres. Je fais de la r'cherche. Je bombe la poitrine. Je ronfle avec éloquence. Je ne rouspète plus. Je fais de la culture physique. Sans prendre de laxatifs, je remplis mes devoirs de citoyen en déposant mes bulletins avec une régularité admirable.

J'arrive à peine à reconnaître l'image que me renvoie le miroir. Je suis devenu une version grandement améliorée de moi-même. Le chaton hésitant du temps jadis s'est transformé en tigre sentimental.

Lorsque je chatouille avec nonchalance le clavier de mon ordinateur, je la surprends parfois en train de me lorgner avec des clins d'œil furtifs de féline en émoi. Je feins de ne pas la voir, mais je sais qu'elle est entrée dans une nouvelle phase d'infatuation à cause de mon regain d'énergie dans cette passion charnelle de la politique. N'avais-je pas déjà obtenu son suffrage quand nos regards s'étaient étreints pour la première fois ?

Elle veille sur mon sommeil avec une vigilance renouvelée. Elle surveille mes moindres écarts de langage qui ne font pas présidentiels. Elle a de la classe, ma belle. Elle relit à la loupe mon discours d'investiture du 7 février et mes futures adresses à la Nation à l'occasion des fêtes nationales : l'Ascension, le jour des Rois, la fête des morts, le mercredi des cendres, etc. C'est elle qui corrige les articles percutants que j'envoie aux deux quotidiens du terroir.

J'aime sa façon pointilleuse de protéger ma réputation. Il y a des greffiers, des plumitifs qui se sentent offusqués par les corrections. Je ne peux pas me payer ce luxe. Je n'ai pas toujours compris la logique de l'orthographe. Le français est pour moi une langue fantaisiste et absurde. Il n'a pas la modernité, la rigueur et la prédictibilité phonétique du créole. Dans la langue franque, je suis un coq hors d'haleine qui chante faux aux oreilles de Marianne. Je fais des gauloiseries inimaginables.

En tant que candidat alphabétisé, je suis amené de temps en temps à fixer ma position à l'écrit dans les *hebdromadaires,* les feuilles de chou, dans les magazines respectables comme dans la lie de la littérature journalistique. On réclame tout-partout mes points de vue d'outsider flamboyant. On me demande des contributions. On me reçoit princièrement comme invité *donneur* aux foires littéraires et aux marchés aux puces.

Moi, je n'en fais qu'à ma tête. Je suis un élément iconoclaste. Comme un enfant espiègle, comme le cancre de Jacques Prévert, je prends plaisir à écrire en français marron, en jargon dix-huit carats. J'ai proclamé mon indépendance linguistique. En tant que candidat d'avant-garde, j'écris dans une langue rebelle qui résiste à la tentation totalitaire du Grand Larousse et du Petit Robert.

Au fond, serais-je un peu dyslexique ? On ne sait jamais. Malheur pas mal. Je suis zélé plumitif mais mauvais dactylo. Excepté lorsque mes doigts en quête d'aventures dessinent sur le corps de ma sirène les lettres sibyllines de l'alphabet du désir.

Je suis le premier à me pardonner mes transgressions de l'écriture bon chic bon genre. Qui le fera à ma place ? Vous ? Allons donc ! J'attribue mes carences et mes écarts de langage à un choix personnel et délibéré : l'esthétique de la maladresse orthographique.

Néanmoins, il ne faut pas en abuser. Dans mon île natale, on pardonne tous les crimes, toutes les violations (la violence, le vol, l'inconduite des garçons volages) ; on pardonne tout, sauf les fautes de français.

« On s'aperçoit un jour, qu'on n'est de nulle part,

Qu'un proscrit qui n'a jamais eu de terre originaire

Sinon un archipel de brouillard et de pluie

Et pourtant le pays, et pourtant la Patrie... »

Jean Brierre

« Comme elle serait belle sur un trône ! »

Stendhal

Un enfant du pays

J'avais 15 ans. Je faisais l'école buissonnière sous les bancs du Collège Jean Price-Mars lorsqu'un camarade de classe décida de me recruter pour l'aider à renverser Baby Doc. Il avait 16 ans, mais il s'imposa tout de suite à moi comme professeur de belles lettres et agrégé de sciences politiques.

Il avait une tête à la Frankétienne. Une tête à la Danton. Une tête grosse comme ça, comme si son cerveau avait besoin de plus d'espace que le commun des mortels.

Mon camarade de classe était un pied-poudré, une bibliothèque ambulante. Il distribuait çà et là à Martissant *Black boy* de Richard Wright, *Radiographie d'une dictature* de Gérard Pierre-Charles, *Ma vie d'enfant* de Maxim Gorki.

Mon « camarade de bronze » était une discothèque ambulante. Il se gavait de Brel et de Ferré. Il arpentait les rues rocailleuses de la Cité au rythme d'une chanson de Jean Ferrat : *C'est un joli nom camarade.*

J'avais les oreilles en trompette. Il me faisait écouter en sourdine, dans la clandestinité, *Mon pays que voici* d'Anthony Phelps. J'étais confus. Je me demandais comment un être humain pouvait-il avoir une telle voix, un tel talent de diseur et d'esthète.

J'avais 15 ans. Je venais à peine de laisser le Collège Franketienne au Bel-Air où j'obtenais des notes catastrophiques en français. Je m'en plaignais amèrement à Man Fifine. J'accusais maître Isidore d'avoir une dent contre moi. Je pleurais terre-pois, terre-maïs.

Maman Fifine comprit tout de suite que je souffrais d'un cas aigu de déficience francophone. Le jour des examens, elle me donnait à boire de l'eau sucrée pour consolider ma mémoire du passé antérieur.

Comme elle avait faim d'instruction pour moi, elle décida de me changer d'école et de me mettre à la diète de cervelle de bœuf.

Au Collège Jean Price-Mars, je m'entendis mieux avec le sympathique Raymond Philoctète, professeur émérite, grand humoriste devant l'Eternel. Un jour de novembre, il annonça à la classe une nouvelle insolite. La chute d'un dictateur grec au nom étrange mais familier : Georgios Papadopoulos.

Il prit soin d'ajouter que c'était amusant à cause du papa, du do, de la poule et de l'os.

C'est à la lanterne de maître Philo que j'appris à apprécier l'essence des mots.

Les mots ont leur saveur, les mots ont leur parfum, les mots ont leurs secrets.

Je vivais tant bien que mal à Martissant (Cité Manigat pour les vieux de la vieille) où je pratiquais la cueillette des fruits de mer, l'observation des dauphins et des lézards. Les murs de la station Sinclair étaient décorés du portrait grandeur nature d'un brontosaure.

Bonga, un galopin du quartier, spécialiste en botanique et en zoologie maritime m'avait fait croire que ce reptile préhistorique était en fait un chien de mer qui avalait les passagers des *bois-fouillés*, les goélettes qui faisaient voile vers Jérémie, la ville natale de Me Philo, et l'ancien paradis des indigènes de l'île.

Dans les jardins jurassiques du Champ de Mars, Papa Doc avait snobé les dinosaures duvaliéristes pour faire de son fils Jean-Claude la nouvelle incarnation de Tyrannosaurus Rex.

C'était un temps si ancien que les chiens et les chats vivaient plus longtemps que les êtres humains. Après tout, ces animaux n'avaient pas de prédateurs naturels.

Pas de Papa Dog, pas de tigre à dents de sabre.

A Martissant, les chiens chassaient les voitures suspectes dont ils ne reconnaissaient pas la plaque d'immatriculation. On eut dit qu'ils avaient la faculté de lire, de déchiffrer à distance les mobiles, les intentions mortifères des intrus, de la valetaille si vile ou en uniforme qui envahissait notre quartier. On eut dit que les dogues, dans leur sagesse infinie, avaient bien compris que l'homme en bleu ou en kaki est un loup pour l'homme. A leurs yeux de dobermans, de canins protecteurs, de molosses jaloux et territoriaux, Martissant était un lieu sacré, inviolable, la Mecque catholique de la paroisse de Sainte-Bernadette.

En ce temps-là, les nouveau-nés avaient une aversion envers le monde comme si la vie elle-même sous Duvalier était devenue une maladie insupportable, un mal-mouton impénitent, une fièvre dengue, une fièvre aviaire engendrée par le vol des pintades.

C'était un temps si longtemps, si archaïque, que les rues n'avaient pas encore de noms officiels. L'une des artères les moins poussiéreuses de Martissant s'appelait carrément ruelle Bourrique.

C'était une manière affable de rendre hommage à l'un des notables de notre quartier : le mulet de la mambo, Madame Chéry.

Parmi les célébrités de Martissant il y avait certes le maestro Nemours Jean-Baptiste, mais le mulet de Mme Chéry était mieux connu que l'excellent poète surréaliste Magloire Saint-Aude.

Le superbe animal avait une grande passion pour la musique des Beatles. Était-ce une forme de bovarysme, d'acculturation ou d'évasion artistique ? S'il eût été notre voisin, le poète indigéniste Carl Brouard n'aurait pas accepté une telle dérive. Néanmoins, le mulet perdait la tête et poussait des cris élégiaques lorsqu'il entendait à la radio la chanson de John Lennon *Suddenly, I am not the man I used to be*.

C'était à n'y rien comprendre.

Je ne suis pas superstitieux pour un sou, mais je me demande parfois si ce n'était pas un autre cas de réincarnation. Il est vrai que les *animots* parlaient français dans les fables de la Fontaine, mais une bourrique anglophone à Martissant, c'était du jamais lu.

Mon camarade Reynold Lamarre avait une bonne raison de vouloir faire la Révolution. Comme dans une séquence du Far-West, son père avait été assassiné en plein soleil par un pistolero habillé en bleu.

Mon camarade portait dans son cœur les escarres de la souffrance, des cicatrices indélébiles.

A ses yeux d'adolescent camoquin et naïf, j'avais une qualité : un prénom prometteur d'épopée. Et comme si cela ne suffisait pas, j'avais aussi un oncle qui portait le nom d'un guérillero nicaraguayen : Sandino.

Dans son for intérieur de jeune rebelle à l'allure martiale, il se disait : « Voilà ma gloire ! »

Il avait pour moi un projet grandiose. Un projet héroïque dont j'ignorais la magnitude. Il me voyait déjà au sommet du morne l'Hôpital en train de combattre avec lui les troupes de choc de Baby Doc.

A quinze ans, je n'étais qu'un enfant timide qui grandissait à l'ombre de Man Fifine à la cadence du Jazz des

Jeunes de Gérard Dupervil. Maman et moi fredonnions en chœur : « Mai, fleur de mai, le printemps rassemble des voix pour bercer de chansons nos tendresses. »

Maman adorait cette chanson parce que j'étais né au mois d'aimer. Chaque dimanche, elle écoutait avec dévotion le programme radiophonique consacré à ce groupe musical. Nous riions à belles dents de nos amours. Nous nous entendions comme Còcòtte et Figaro. Avec elle, avec Man Fifine, c'était l'amour au firmament.

A seize ans, Reynold Lamarre était prêt à écrire avec son sang une nouvelle page d'histoire. Il savait choisir ses mots et orienter le dialogue.

- Les monstres ont mangé mon père. Et toi, tu n'as pas perdu de parents ?

- J'en ai perdu deux : mon oncle Robert, partisan de Daniel Fignolé, et ma tante Anne-Marie qui était fougueuse comme une amazone.

- Nous sommes tous à l'article de la mort. Nous sommes jeunes. Il faut faire quelque chose.

- Je sais. J'ai failli mourir avant de venir au monde. Ma mère a été cernée par des macoutes sur le chemin de la maternité de Chancerelles. Les hommes en bleu ont cru qu'elle avait une bombe dans le ventre.

- Je vais continuer à travailler avec toi à une condition.

- Laquelle ?

- A condition que tu deviennes un vrai lecteur. Autrement, tu prendras de l'âge mais tu resteras toujours un *timoun*.

Le petit monde, hum. J'avais 15 ans, il en avait 16. Il cherchait des disciples. Il se prenait déjà pour mon maître à penser. Il croyait pouvoir me discipliner, me fidéliser.

En ce temps-là, je n'avais pas grand goût pour la lecture. Mes yeux avaient soif d'images. J'avais fait mes premières armes dans les bandes dessinées. J'étais perdu dans les aventures de Captain Miki, Tintin, Tarzan et Blek le Roc. L'idée de lire un livre sans images ne m'enchantait guère. Je prenais mon plaisir textuel dans les rares romans-photos qui me tombaient sous la main. Aux abords du Ciné Sénégal et à la basilique de Sainte-Bernadette, je regardais à dessein le corps sage des saintes nitouches.

Mon camarade Reynold Lamarre m'apporta un jour un vieil exemplaire de *Gouverneurs de la rosée*. Je ne comprenais pas trop bien la logique de ce titre. *Gouverneurs de la rosée* ? Néanmoins, lorsque je lus la toute première phrase, j'entendis la voix familière du grand Jacques qui sonnait l'alarme : « Nous mourrons tous, les bêtes, les plantes, les chrétiens-vivants. »

Manuel Jean-Joseph me serra la main. Je fis connaissance avec Annaïse. J'évitai comme la peste Gervilen Gervilus. Quand je fermai le livre, Roumain était devenu un nouveau camarade.

Si ma mémoire se souvient, le mot de la fin est toujours d'actualité : Il faut une coumbite nationale pour déraciner la misère et planter la vie nouvelle.

« Contrairement aux hommes politiques, je ne cherche pas d'électeurs. Ce que ma candidature a révélé, c'est qu'il y a un électorat qui cherche un candidat. »

Coluche

« L'inaptocratie est un système dans lequel les gens les moins capables de gouverner sont élus par les gens les moins capables de gagner leur vie. »

Candidement Vôtre

Mon ami d'enfance Bibil Paul a été promu Directeur général de ma campagne électorale. Avec toutes les attributions et tous les atouts qui sont dus à un homme de son rang. Il a reçu carte blanche pour ratiboiser les va-nu-tête et les à tout faire qui se dressent sur mon chemin.

Le chemin qui m'amène au summum de la gloire.

Parmi les îliens, parmi les locaux, on les appelle candidats malheureux. Ça sonne gentil et compatissant. Ils sont les martyrs de la *démocrassie*, de la *mérilance* et du *mazorisme* politique. Comme s'il s'agissait d'une gaguère de coqs casuels, d'un charivari carnavalesque ou d'un grand jeu de qui perd gagne, à chaque nouvelle élection, ils sortent de la vallée de l'ombre pour envahir l'arène politique.

Avec la fin de la Tigritude, avec la volatilisation de la pintade bleue, carnivore, à la faveur de l'extinction virtuelle, apparente, d'*homo papadocus,* un spécimen en voie de disparition pendant trois décennies est réapparu dans les villes, les faubourgs, les campagnes : *homo politicus.*

Et depuis lors, c'est une épidémie virile de folie présidentielle : le mâle qui répand la terreur.

Dans un grand élan masochiste, des individus apparemment normaux (de face, de profil et de dos) se lancent à corps perdu, ventre déboutonné, dans l'aventure électorale. L'appétit du pouvoir n'a jamais été si bel. Pour arriver à ses fins, *homo politicus* dépense des espèces sonnantes, des liasses de billets doux, des mignons verts américains.

Ça fait partie de ses us et coutumes.

Sans coup férir, les innombrables prétendants au statut de Chef Suprême se cassent l'escampe de la figure. Ils sortent de l'aventure électorale avec la mine dépitée, déconstombrée, mais ils ne s'en portent pas *plus mal*. Ce sont des illuminés dans la nébuleuse des lunatiques. Ils continueront à croire en leur étoile et autres signes astrologiques. Ils continueront à parler haut, à parler fort, après avoir obtenu 0.1% des voix. Les chiffres désastreux n'ont aucun impact sur la cuirasse de leur égo. Pour un peu, ils vous citeraient Vigny : « Gémir, pleurer, prier, est également lâche. »

Zéro point un pour cent.

En toute bonne foi, on ne peut pas les accuser d'avoir voulu voler les élections.

Le statut de candidat malheureux, de leader de particule politique microscopique, unicellulaire, est devenu un art de vivre sur le terreau de la misère. C'est un spectacle tragi-comique qui se déroule dans les décombres du Ciné-Théatre Palace.

Sur le plancher branlant, cahoteux et vermoulu, pas mal de mâles sans vocation deviennent acteurs. Ils jouent le rôle d'arlequins, de Pinocchios, d'amuseurs publics dans le grand vaudeville de Papadopolis.

Avez-vous un costume, une lévite, un *tuye lamp* ? Candidat ! Savez-vous tracer votre nom ? Candidat ! Avez-vous un baptistaire, un certificat de naissance qui confirme votre statut de bipède pensant et dépensant ? Candidat !

Savez-vous lire, compter et raconter des histoires enfantines ? Candidat ! Savez-vous planter des choux, des bananes, des candélabres et des concombres zombies ? Candidat ! Savez-vous électrifier les masses avec une pile de promesses creuses ? Candidat ! Savez-vous parler *François*, doctement ? Candidat ! Savez-vous faire des miracles et transformer les billets de banque en bulletins de vote ? Candidat ! Celui qui n'a jamais été candidat risque de sombrer dans un état morbide de mal-être, un cas aigu de complexe d'infériorité. Lorsque vous serez vous-même candidat à la magistrature suprême, vous verrez sans doute dans la glace ce que cela produit sur l'estime de soi. Ça vous donne de l'allure. Ça vous donne du panache. Ça vous donne de l'étoffe. En l'occurrence, le dernier en date des partis politiques s'appelle très modestement *Toutouni*.

Bon gré mal gré, les leaders des particules squelettiques obtiennent des scores calamiteux aux élections pestilentielles. On eût dit qu'en chaque candidat, il y a un zéro qui sommeille.

Comme un aimant géant, parabolique, les élections attirent toutes sortes d'éléments. Particulièrement les ferrailleurs, les argentiers et les brasseurs d'affaires louches. Parmi ces concitoyens, on compte des mafieux, des maîtres-chanteurs, des tenanciers de borlette, des avocats sans cause, des médecins malades de la tête, des intellos en mal de paraître, d'anciens militaires qui puent encore le kaki et veulent prendre un bain de foule, des pasteurs impénitents ; j'en passe.

Il y a ceux qui vont aux élections comme à un rendez-vous galant avec un être cher, un être de chair ; avec quelqu'une qu'ils n'ont pas vue depuis des lustres. Les femmes de l'île sont rarement atteintes de la maladie du pouvoir. On a surtout affaire avec des mâles qui croient vouloir faire du bien.

Il y a ceux qui participent aux élections pour faire acte de présence. Y'a ceux qui sont candidats parce que le ridicule ne tue plus. Il y a ceux qui se soupçonnent d'être populaires en chatte peinte. Il y a ceux qui sont les seuls à se savoir présidentiables. Il y a ceux qui y sont parce qu'on ne sait jamais. Il y a ceux qui participent pour confirmer une fois pour toutes l'étendue de leur impopularité. Il y a ceux qui participent pour se dégourdir les poches et faire un peu d'exercice mental. Il y a ceux qui cherchent une saine distraction dans la cage aux fous. Il y a ceux qui veulent embellir leur résumé avec le titre pompeux, ô combien convoité, de « candidat malheureux ». Il y a ceux qui se foutent carrément de la tête des gens à commencer par leur propre tête. Il y a ceux qui s'enfouissent la tête dans le sable pour éviter de regarder la réalité dans le blanc des yeux. Il y a ceux qui veulent trouver un remède sûr et définitif au *razeurisme* chronique. Y'a ceux qui veulent avoir une santé financière stable pour plusieurs générations de bâtards fainéants. Il y a des révérends huluberlus qui voudraient entonner des chants grégoriens et administrer la cène, la sainte cène, dans la béatitude du Palais. Il y a les pêcheurs en eaux troubles. Il y a ceux qui nagent à reculons ou à contre-courant. Y'a ceux qui font la planche à billets. Il y a ceux qui participent aux élections pour apporter de l'eau au moulin des humoristes. Il y a ceux qui se jettent dans la compétition électorale comme une bouteille à la mer. Il y a ceux qui dégoûtent. Ceux qui voudraient être dauphin d'un dictateur déchu. Il y a ceux qui croient dans les coups d'éclat électoraux et les élections sans électeurs. Il y a ceux qui sont en bandition. Ceux qui se caressent dans le sens du poil. Il y a ceux qui font bande à part. Il y a ceux qui refusent de tomber aux oubliettes. Il y a ceux qui veulent donner une apparence de normalité à leur réputation de criminels notoires. Il y a les illustres inconnus. Il y a ceux qui participent une fois aux élections et qui retournent dans l'anonymat qu'ils n'auraient jamais dû laisser. Il y a ceux qui participent parce qu'ils ne peuvent pas ne pas y être. Il y a ceux qui sans qui les élections seraient rases, blêmes, banales. Il y a ceux qui se prennent pour de vrais sauveurs. Il y a ceux qui vont aux élections parce que c'est plus fort qu'eux. Il y a ceux qui ne veulent pas désister et qui persistent dans la voie des scores calamiteux.

Candidat en pyjama, je viens de recevoir par la poste la liste interminable de mes compétiteurs aux futures élections. Est-ce qu'il me manque une feuille ?

Non, la liste est là, au grand complet. De A à Z. De Aryennafè à Zoboukechen.

Ils étaient 57 et sont passés à 71.

71 concitoyens prêts à prendre le maillet et à s'assoir en maître et seigneur sur la chaise bourrée.

Poser sa candidature, c'est faire le premier pas. C'est manifester sa fringale d'amour pour un corps électoral souvent frigide et capricieux. Un corps qui se fout des yeux doux, des caresses, des trémolos, et qui réclame à l'avance son injection d'argent liquide.

71 candidats ? Il n'est pas donné à n'importe quel pays de la planète bleue d'avoir autant de gens compétents. Il n'est pas donné à n'importe quelle république du sous-continent d'avoir autant de citoyens aussi soucieux du bien-être collectif. 71 compatriotes qui ne demandent pas mieux que

d'être appelés « Excellence » et de nous amener, malgré nous, vers les lendemains qui chantent.

Le requiem ? Le libera ?

Évidemment, il y a le hic des éjections prématurées pour cause de décharge. Bonjour, adieu. Parfois, les fonctionnaires de haut vol ne reçoivent pas le feu vert de la Cour supérieure des comptes pour participer aux joutes électorales.

D'autres candidats ont commis le sacrilège suprême : le péché capital de lèse-patrie. Ils ont élu domicile ailleurs. Certains ont même eu l'indécence d'adopter une nationalité étrangère. Ce sont pour la plupart des *citizens*. En possession de deux passeports, ils passent pourtant plusieurs récoltes de café loin des déités ancestrales, loin des fêtes païennes du pays natal. Ce sont des éléments absentéistes.

Les loas aiment les présents, les offrandes, les oboles culinaires. Ils ont le palais délicat. Les dieux lares sont restés sur leur faim. Ils n'ont rien reçu depuis le temps bimbo. Même pas une marmite de pois chiche, de pois-congo ou de pois-france. Même pas un plat de petit-mil avec des têtes d'hareng-saur. Même pas un godet d'eau pour apaiser leur soif, noyer leur chagrin, ôter les toiles d'araignées qu'ils ont dans la gorge. Rien. On dirait que les partants sont passés sous le grand sablier de la route qui mène à l'aéroport de Maïs-Gâté.

Les dieux lares sont de fins gourmets. Ils adorent les repas somptueux, les bonbons-sirop, les bonbons-zizi, les p'tits gâteaux, les trois gouttes rituelles, le rythme sensuel, ensorcelant du tambour assotor, les danses lascives des hounsis aux seins nus et debout.

Créés à notre image d'hominiens, les dieux lares sont avides d'attention. Leur vie dépend de l'affection, de la sollicitude des *serviteurs*. Ils ont été négligés, abandonnés à leur sort. C'est le moment des règlements de compte. Ayant changé de couleurs nationales, ayant changé de drapeau et de domicile, les leaders diasporiens sont traités comme des déserteurs, traités comme des traîtres.

Ils ne sont pas revenus au bercail depuis l'époque où le p'tit concombre gourmait avec l'aubergine. Ils n'ont pas fait le va-et-vient nécessaire pour sauver les apparences et afficher un simulacre de nostalgie. Ils n'ont plus droit de cité. Légalement, ils sont des immigrants sur leur île natale. Naguère, au temps de la pintade, au temps des léopards, on leur aurait réclamé un visa de retour avant de les admettre dans l'aéroplane bien bondé de la Pan Am Airways.

Et maintenant, ils veulent prendre les choses en main ?

Leur candidature est rejetée par le Conseil électoral à cause du passeport étoilé, hexagonal, ou à fleur de lys. Ça provoque des pleurs, le nez qui coule, le mauvais sang, les cris aigus contre l'exclusion, la xénophobie, l'odieuse et terre-à-terre discrimination résidentielle.

Le soir, lorsque je m'ennuie, avant de trouver le sommeil du juste, l'un de mes passe-temps favoris, c'est d'examiner les résultats des élections des quarante dernières années. Dans la pénombre, j'ai peine à croire les chiffres chétifs, dérisoires, qui me tombent sous les yeux. J'aurai besoin de ces données pour estimer mes chances de succès. En ce moment d'euphorie, une myriade de scénarios, de calculs iconoclastes et de questions baroques, s'agitent dans la calebasse de ma tête.

Quelle est la racine carrée de 0% ? Quel est le dénominateur commun des candidats malheureux ? Quel est le prototype, le profil ADN, le portrait-robot, l'angle facial, l'indice céphalique de ceux qui échouent aux élections ? Pourquoi y-a-t-il autant de factions, de divisions, dans l'aire de Papadopolis ? Pourquoi un si grand nombre de candidats obtiennent-ils zéro au quotient ? Quelle est la distance spatiale et temporelle entre zéro point un et moins infini ? Combien faudrait-il d'années-lumière pour passer de 0.1 à 50% ? En fin de compte, faudra-t-il agréer avec mon compère Justin (expert-comptable, mathématicien hors pair) qui faisait remarquer jeudi soir devant une audience acquise à sa cause que « Chez nous, un zéro n'équivaut jamais au néant puisqu'il peut devenir un 6 ou un 9. »

En tout état de cause, je reste attaché à la numérologie et aux signes avant-coureurs. Je suis de près les intentions de vote et les prédictions optimistes de ma Wanga Nègès, de Bwapiro et d'Antoine des Gommiers. Je suis les conseils de mon agent électoral.

Francis, le DG de ma campagne, est un battant. Les amis et les ennemis intimes l'appellent Bibil. Moi, je l'appelle Compère ; comme qui dirait une réincarnation du personnage mythique de Jacques S. Alexis.

Je ne prends jamais les noms à la légère. Les noms ont un passé et un avenir. Je n'oserais jamais donner le titre de Compère à n'importe quel quidam.

Compère ? En réalité, je ne suis pas le parrain de sa fillette. Mon nom ne figure même pas dans les marges de son baptistaire. En fait, je ne sais pas si elle a jamais été baptisée.

Il fut un temps où l'on baptisait aussi les poupées. Ma foi, les gens sont devenus si séculiers. Ils se laissent aller à laïcité. Ils négligent les cultes, les pèlerinages, les inquisitions, les chasses aux sorcières, les neuvaines et les jeûnes de 40 jours. Certains seraient même soupçonnés d'être sceptiques, pire encore : athéniens (ou quelque chose de ce genre).

Peu importe. Être compères, ça n'a rien à voir avec les cérémonies papales, l'encens, les parchemins, les papyrus jaunis et poussiéreux des Archives nationales. Point n'est besoin de le claironner au son du lambi sur le Pic Macaya. Être compères, ça n'a rien à voir avec la grande bouffe, la poule aux œufs d'or, le coq d'Inde, le cabri boucané, les liqueurs fortes, la réception pour les resquilleurs un dimanche du mois de mai. Compères, c'est une communion de pensée, une confirmation, une déclaration d'amitié qui ne coûte rien. C'est la chaleur de la fraternité, la chaleur d'une accolade, d'une poignée de main. C'est une affaire de cœur, de camaraderie et de solidarité dans l'élevage des enfants.

Zulie vient de me susurrer à l'oreille qu'on n'écrit pas « élevage des enfants ». On dirait qu'elle devine à distance les pensées de mes mains maladroites. Elle rature mes écarts de langage, elle rectifie mes fautes de goût, elle corrige même mes pages blanches. Avec une lueur d'amusement dans ses yeux, ma sirène m'invite à lever l'encre vers une esthétique nouvelle, jusqu'à l'alpage des hautes vagues de délices.

Qu'aurais-je dû dire, écrire à voix basse ? Elévation des enfants ?

Mon élévation. Ça aurait fait un beau titre pour une fiction autobiographique. Au Collège Jean Price-Mars, Me Fignolé, professeur de belles lettres et critique littéraire, nous confiait un jour que tout ce que l'on dit de soi n'est que poésie. Il ne croyait pas si bien dire. Mais, cela s'applique-t-il aux masochistes qui aiment se dénigrer dans le confessionnal des prêtres ? C'est ma faute, c'est ma faute, c'est ma très grande faute.

Elévation. Personnellement, je n'ai rien à redire sinon que j'ai été gâté par mon parrain aussi. C'était un compère au sens élevé du mot. Un compère au sens solaire. Il avait dans les yeux une tendresse et une générosité qui sont restées tatouées dans ma mémoire. Enfant, je me refugiais instinctivement dans ses bras même quand mon père biologique était présent. Pour ces compères, pour ces associés au jeu de dominos, pour ces camionneurs irréductibles, pour ces conquérants des terres pendillées du morne Tapion et des falaises des montagnes ensorcelées, cela paraissait normal et même souhaitable.

Mon compère Bibil a les mêmes traits de caractère qu'Hilarion Hilarius : la combativité, un engagement sans faille, une fidélité à toute épreuve envers les siens. Parfois j'ai comme l'impression qu'il a hérité la bonhommie de mon parrain. Un sourire benoît, discret, philosophal, qui dit toute la sagesse du monde : un grain de sel dans l'océan pacifique de la fraternité.

Bibil est un chic type. Plus loyal que ça, tu meurs ! Il a fait ses premières armes à Martissant, chez Maître Sauvignon, et a fréquenté ensuite le Collège JPM. Nous avons grandi ensemble à deux pas de la mer, près du marché aux poissons, sur les terres fertiles d'un vieillard millénaire de l'Ancien Testament. Un certain Magny Manigat, le tonton de l'illustre disparu.

Bibil voit en moi beaucoup de potentiel. En ce début de mois de décembre, après le raz-de-marée électoral de Papa Do, il bat la grosse caisse autour de mon nom, comme si je serais le Père Noël, comme si je serais une version jeune et imberbe du patriarche Noé, comme quoi j'aurais à ma disposition une arche, je vais sauver mes compatriotes de ce déluge de sang, de ce naufrage national aux proportions apocalyptiques.

Comme un mormon, comme un légionnaire de l'Armée du Salut, comme un adventiste du 8e jour, mon compère répand partout mon évangile politique avec la foi qui soulève les montagnes. Sous les portiques des tabernacles, dans les rues mornes et tristes, entre les collines de détritus de la vallée de l'ombre et de la mort, dans les corridors en fer-blanc et en carton-pâte du pays pourri, parmi les ruraux et les coqs de village du lumpenprolétariat, aux confins du pays en dehors, on le croise de grand petit matin, au pipirite chantant, en train de distribuer ma feuille de route, mes libelles, mes pamphlets, mes coups de gueule contre le Système.

Système. Certains l'appellent statu quo. C'est le mot à la mode en ce moment. A droite comme à gauche jusqu'à l'extrême-centre. C'est le mot-clé qui va ouvrir la porte de Sésame. Tout le monde en parle avec éloquence, mais personne ne sait où se trouve le Système. La plupart du temps, on le cherche au mauvais endroit. Il a fait preuve jusqu'à présent d'une adresse remarquable dans l'art de se maquiller.

Avec une opiniâtreté à toute épreuve, mon compère harangue les piétons, les pieds-poudrés, les dérive-ailleurs, les automates, les automobilistes, les ambulanciers, les corbillards, les processions funéraires de la grande nécropole de Papadopolis.

Il faut dire qu'aux élections, les défunts remplissent souvent leurs devoirs civiques avec un zèle qu'on ne leur connaissait pas de leur vivant. Les membres du Conseil électoral sont toujours les premiers à s'étonner de voir que le nombre de votants dépasse de loin le nombre de vivants. Pas plus tard qu'hier, à Paradis FM, un éternel candidat connu sous le sobriquet de Doktè Moï, déclarait ce qui suit avec une sérénité admirable : « Ceux qui sont morts, nous sommes prêts à entrer en contact avec eux ; certains nous ont déjà appelé, les autres ne l'ont pas encore fait... »

Après, on viendra nous dire que sa bouche avait échappé, qu'il avait perdu le nord, que c'était un quiproquo ou un lapsus calami.

Qui serait cartésien, rationaliste à outrance ou extraterrestre au point de mettre en doute de telles paroles, au point de vouloir taire des propos aussi ténébreux ?

Quoi qu'il en soit, je vais faire de la transparence le fer de lance de ma campagne.

Les candidats qui ne sont pas à cheval sur les principes, ceux qui ont des anneaux chez l'orfèvre, ceux qui ont laissé leurs empreintes digitales dans la Caisse publique, les candidats aux doigts longs, magnétiques, regardent mon compère avec un mélange d'agacement et d'envie. Somme toute, ils voudraient le recruter au prix fort, argent comptant, comme agent électoral. Néanmoins, mon chef de campagne n'est pas à vendre. C'est un ascète. A ses yeux de militant aux mains pures, l'or et l'argent, c'est toujours du chrysocale. Mine de rien, il accomplit un travail phénoménal.

Ceux qui regardent l'horizon dans leurs baies vitrées, les oligarques, les requins de la finance, les crabes qui ont mal à l'oreille, sont bien placés pour savoir qu'il existe encore sur cette île une dernière goutte d'homme.

Bibil frappe à toutes les portes (les villas, les vieilles baraques, les basiliques, les sanatoriums, les asiles de fous, les auberges, les bordels de mer, les maisons closes), même aux portes qui sont déjà ouvertes. Il remue ciel et terre pour mobiliser des adeptes et recruter de nouveaux membres pour mon parti PPB (Pam Pi Bon). C'est un fan irréductible. Un militant de choc. L'ennemi juré de mes adversaires ; spécialement ceux qui s'engagent dans des dérives verbales, ceux qui font du boucan, des déclarations incendiaires et des menaces de mots. Bibil vient d'adresser une vigoureuse protestation au Conseil électoral. Une lettre tranchante comme un tesson de bouteille ou une feuille de canne à sucre. Une missive sans concessions ni parler en pile qui se termine en ces termes : « Il ne faut pas laisser les candidats jouer avec les allumettes ! »

J'ai eu comme l'impression d'avoir lu, entendu, ça ailleurs, quelque part dans un parchemin. Mais, que voulez-vous ? Lorsqu'il s'agit de combattre les propos irresponsables des prêts à tout, je donne feu vert à mon compère.

A sa manière, avec des mises en garde épistolaires, il fait feu à hauteur d'homme.

Sans vouloir caponner quiconque, particulièrement les fiers-à-bras et les rodomonts, je souligne que mon compère est ceinture noire de Kung Fu. Les éléments provocateurs, les candidats au suicide, les hémophiles qui ont le sang à fleur de peau, sont priés de se présenter au volant de leur ambulance ou de leur corbillard.

Les élections, c'est pas une mince affaire. On s'y engage à ses risques et périls. Il faut faire attention aussi à ceux qui jouent avec les amulettes et les *wanga*. Un arôme insoutenable de sortilèges les suit partout où ils passent. Une odeur atroce de miasme, d'assa-foetida ou pire encore de parfum *My Dream*.

Je dois me pourvoir d'un mouchoir rouge, d'un talisman, pour me protéger contre les féticheurs de tout poil, pour chasser les mauvais airs, l'esprit malin, les expéditions.

Quand je suis à court de mots, quand j'ai l'air morose, quand je suis écrasé sous le poids de mes propres idées, lorsque je me noie dans la profondeur de mes réflexions, dans mes moments de doute, d'hésitation et de lassitude, c'est mon compère qui me rassure et me remonte le moral : « Tu bêtises avec les choses sérieuses ! Tu es l'homme de la dernière chance ! C'est toi ou le néant ! »

Bibil est un homme de terrain d'une finesse politique exceptionnelle. Il a les réflexes et la vitesse de pensée d'un grand maître du Shaolin. Lorsqu'il parle, lorsqu'il tient conseil, mes oreilles se déploient comme les antennes paraboliques du centre spatial de la NASA. Je prends note à l'encre de Chine. C'est lui qui m'a fait remarquer que la plupart de mes concurrents sont à l'oral, des hâbleurs incohérents qui parlent couramment le charabia. « Regarde-moi cette liste, cette multitude de malappris et de saligauds. C'est la crème de la crasse ! »

Ainsi parla mon compère.

En effet. Certains de mes compétiteurs ne sont pas plus que des illettrés grandiloquents d'une ignorance encyclopédique. Ils revendiquent des titres professionnels qui ne correspondent pas à leur parcours. Ils baillent aux corneilles et aux pintades. Ils pètent d'ennui dès qu'ils ouvrent le

Manuel d'instruction civique et morale. Ils se prennent très au sérieux parce qu'ils ont appris à nouer une cravate, à manger à table et à compter l'argent liquide.

Un bœuf de chaîne peut-il passer pour un vétérinaire ou un agronome ? La banane rose est-elle le fruit de l'imagination ?

Certains se présentent comme des progressistes et même des martyrs. Ils seraient de « goche » et auraient milité dans les cellules du pénitencier. En fait, ils ne sont que des prétendants.

Étrangers aux mœurs politiques locales ou aveugles volontaires, les dignitaires des pays socialo-capitalistes les reçoivent avec le plus grand sérieux du monde. On leur sert du riz avec des baguettes chinoises. On leur sert de la salade russe. A Caracas et à Moscou, on leur déploie le tapis rouge. On les invite à jouer au cavalier polka ou à danser la salsa dans les boîtes de nuit. Sur la piste, ils se meuvent comme des canards boiteux. On dirait que les dirigeants des terres lointaines cherchent des alliés de pacotille, des hommes de paille. On dirait qu'ils ne savent pas que ce sont des comédiens qui répètent avec artifice des bouts de phrases entendues çà et là dans les conciliabules et les conjurations politiques. Ils ont bonne mémoire et très peu de matière grise. Comme tous les mythomanes, ils ne manquent pas de bagout. Ils vous feraient volontiers un cours magistral sur la crypto-monnaie, l'intelligence artificielle, la Bourse, l'économie politique, le réchauffement de la planète ou même la Guerre froide.

Certains ont décroché une maîtrise à la faculté de Droit de Bombardopolis. D'autres ont obtenu leur titre à l'école du dimanche.

Comment les mettre hors d'état de rire ? Comment les empêcher de chanter comme des rossignols et de faire des promesses farfelues ? Comment les empêcher de faire du théâtre et de voler la vedette avec des postures d'hommes d'État ?

- Vas-y, dis-moi compère, dis-moi mon ami-camarade !

- La parole est d'argent et l'écriture d'or. Tu dois te distinguer à l'écrit. Cela fera bonne impression auprès du public lettré ou qui aspire à l'être. Entre un lecteur et un électeur, il n'y a qu'une voyelle de différence. Tu vois mon compère ?

Tout simplement génial ! J'aurais dû y penser. C'est comme ça qu'il m'a convaincu.

En ce moment, Zulie met la dernière main à deux manuscrits que je m'apprête à envoyer aux Éditions Populire. C'est elle qui finalise le curriculum vitae de trente-deux pages que je compte publier sous forme de livret en vue de renseigner mes concitoyens sur mon parcours scolastique exceptionnel : diplômes *Summa Cum Laude*, décorations, Légion d'honneur, grand chevalier de l'ordre des arts et lettres, prix Nobel de la peur.

Je sais que ces publications vont provoquer l'ire de mes compétiteurs. C'est de bonne guerre. Ils n'ont qu'à se boucher les yeux. Moi, je me bouche les oreilles lorsqu'ils papotent à la radio comme du popcorn. Le ton pétaradant de leurs inanités, leurs propos macaroniques sans queue ni tête me tapent sur les nerfs.

Partir, c'est mourir beaucoup. Pour certains, c'est une souffrance. On se surprend un jour sous le pont Mirabeau avec une bouteille d'eau-de-vie en train de balbutier un sonnet saturnien de Guillaume Apollinaire. On devient un paria, un misérable à l'avenue Victor Hugo. On devient un mille-pattes vagabond en quête d'un trou pour se terrer et qui va dans quatre directions à la fois.

Partir pour d'autres, c'est une réincarnation, une opportunité de se dégager dans un monde nouveau, « hors du charnier natal ».

Amère Amérique ? L'exil amène loin, dans l'Etat d'Ohio, aux Iles Turques, à Cayo Lobos, dans les décors agrestes du Chili, du Brésil, où l'on meurt sans sépulture.

L'exil amène loin, même à l'immortalité à l'Académie de l'Ile de France.

Pour le reste, pour le commun des mortels, l'ex-île ne marche pas. Pour ma part, je l'ai vécu comme un long intermède, une insulte, une violation de mon droit de vivre en terre-mère, là où sont ensevelis mes dents de lait, mon lombric, mes premières touffes de cheveux.

Quoiqu'il arrive, je n'ai pas l'intention de bailler vague à ce pays. Je vais laisser derrière moi les neiges d'antan.

Capitaine du bateau à vapeur, le moment est venu de larguer les amarres !

Cap vers le Sud !

Je suis chargé à couler bas.

Un raz-de-marée m'attend au rendez-vous de la chance.

« Partir. Mon cœur bruissait de générosités emphatiques. Partir...j'arriverais lisse et jeune dans ce pays mien et je dirais à ce pays dont le limon entre dans la composition de ma chair : « J'ai longtemps erré et je reviens vers la hideur désertée de vos plaies. »

Aimé Césaire

« Il est des noms qui sonnent comme un manifeste...Tel me fut révélé le nom du Dr Jean Price-Mars lorsque je l'entendis pour la première fois. »

Léopold Sédar Senghor

Les chemins du Collège Jean Price-Mars

La pluie a fait la lessive jeudi soir. La neige est partie vers d'autres cieux, d'autres rivages. Appuyé contre la fenêtre, je regarde passer le présent.

Au compte-gouttes.

Si bleu soit-il, un masque peut-il cacher l'amertume de l'ex-île ?

Ainsi, je reviens vers Toi, ma terre. Vers les ruines de Papadopolis pour chercher partout le cordon ombilical. Je fouille par-ci par-là dans les dédales de la mémoire.

Comment vas-tu mon enfant ? Tu as étudié tes leçons ? « De quoi la nuit rêvent les roses ? » Ainsi parla la Muse dans une langue étrangère. On l'appelait Fifine. Moi, je l'appelais Ma.

En ce temps-là, je vivais dans le village côtier de Martissant. La mer était si proche et si intime qu'on pouvait la toucher de sa fenêtre. La mer, ce vieux lac solitaire livré à nos mirages, à nos divagations d'enfant rêveur, compteur d'œufs dans le ventre des poules.

Au bordel de Miramar, les poètes maudits se défonçaient dans les bras des poupées de luxe venues de Neyba.

Vénus de Boca Chica et des villes avoisinantes de la Dominicanie.

Imbibés d'alcool, les vénérables sambas, déclamaient *Le bateau ivre* d'Arthur Rimbaud. Ils faisaient répéter des vers aux belles du soir, les joyeuses luronnes qui parlaient gaulois avec maladresse comme *l'Albatros* de Baudelaire.

La voix mielleuse et envoutante de Roger Colas faisait chalouper le cœur de Simbie, la maîtresse de l'eau :

« Ou konnen m se nèg Guinen

Ou konnen m se nèg lagè... »

C'était l'âge de la pierre. Comme si le temps s'était arrêté dans le manuel d'histoire du docteur Dorsainvil, les rues antiques de Martissant étaient encore en terre battue. A la faveur de la nuit, *sans poils* et loups-garous violaient allègrement notre espace aérien et le septième commandement de la page 105 qui dit clairement : « Tu ne voleras point ! »

En ce temps-là, les jolies passantes, les flâneurs en vadrouille et les vagabonds sublimes étaient connus sous le label de *pieds poudrés*. Les cireurs de chaussures n'étaient pas encore devenus parlementaires. En fait, la Chambre législative était fermée à double-tour ; la clé était gardée au Palais dans les tiroirs de Papa Doc, autocrate hors-pair dans les annales de la kakistocratie.

Le boulevard du Bicentenaire se détériorait à vue d'œil comme si l'incurie administrative était parvenue au pouvoir à vie. A la rue de l'Enterrement, une affiche en fer forgé résumait avec éloquence le programme politique des Duvalier : « Tu es poussière et tu retourneras en poussière. »

Avec ses allures de métèque, de dur à cuire et de tueur constipé, Antoine Khouri habitait seul avec sa moto, son cheval à moteur, dans les parages de la Cité Beauboeuf. Il larguait deux guidons derrière les opposants. Pour tempérer ses mœurs belliqueuses, le maestro Nemours Jean-Baptiste lui composa une chanson doucereuse intitulée : *Ti manman Carole.*

Peine perdue. Le Ciné Sénégal avait à l'affiche *Tuez-les tous et revenez seul !* C'était comme un manifeste. La feuille de route des hommes en bleu.

Par la grâce de Sainte Bernadette, j'avais arrêté de pisser au lit. Ma couche, ma *cabane* d'adolescent mal-baisé, faisait face désormais à des éruptions libidineuses, des jaillissements nocturnes, intempestifs, engendrés par la soif de passion. Ça me nuisait au réveil, m'embarrassait aux yeux de maman. Je vivais ma puberté comme un délit. J'avais honte de sortir de l'enfance, d'avoir sur le visage un soupçon de moustache.

Sur les draps de coton aux senteurs de lavande, je laissais des taches moites, poisseuses, qui ressemblaient singulièrement aux Iles Vierges.

Je venais de laisser les équations algébriques du spiraliste Frankétienne, l'altitude du Bel-Air, les déclinaisons latines de Maître Isidore. J'étais prêt à mémoriser, à apprendre par cœur, les mots captivants de Joseph Kipling : *Tu seras un homme, mon fils.*

J'avais 15 ans lorsque je franchis les lisières du Collège Jean Price-Mars. C'était une chaumière, une modeste habitation que les 3 mousquetaires (Benoît, Fignolé, Philoctète) avaient transformée en château de cartes, en masure de bois et de mortier.

Maître Dolcé (fumeur impénitent, homme d'airain de la critique littéraire) discourait sur la tragédie classique jusqu'à en perdre le souffle : « Dès que le héros racinien entre en scène, tous les ponts sont coupés derrière lui. »

Il ne croyait pas si bien dire. En effet, juste à côté de l'école, c'étaient les eaux en furie du bois de chêne. Chaque grande averse emportait selon ses caprices végétaux, minéraux et animaux.

A la ruelle Chrétien, le plus grand bâtiment en vue était une caille en chambre-haute, un véritable château-fort avec les murs épais d'une citadelle. Il appartenait à la maîtresse légitime du général Gracia Jacques, chef suprême de la garde prétorienne. Personnage grotesque, ventripotent, sorti tout droit de la cour du roi Ubu, il était l'objet de plaisanteries croustillantes qui faisaient les délices des palais délicats.

L'aile captive, nous ne vîmes jamais au grand jour sa jolie brune. L'enceinte était gardée par des chiens verts importés du Brésil. Du moins, c'est ce que racontaient à satiété les ados du voisinage. Selon les fouineurs, les fouille-apporte, la mystérieuse coquette jouait avec le général chamarré une version insulaire de *La belle et la bête*.

Je commis un jour la faute grave de m'arrêter en face de la forteresse du général. Appuyé à un poteau électrique, j'attendais mon camarade Reynold Lamarre. Il s'était enfouraillé dans l'engrenage d'une dissertation littéraire inspirée de l'historien Roger Gaillard : « En quel sens peut-on considérer Etzer Vilaire comme le témoin de nos malheurs ? »

Adolescent rebelle, Reynold se foutait pas mal de Vilaire et de ses jérémiades éclectiques. Il se reconnaissait davantage dans les poèmes indigénistes et prolétariens de Carl Brouard. En fait, son vrai livre de chevet, c'était *La guerre de guérilla* de l'Argentin Che Guevara.

Je m'étais arrêté au versant gauche de la ruelle Chrétien. J'attendais. Du haut de son mirador, un soldat, un chômeur armé en uniforme kaki me fit signe de me déplacer.

Au-delà de la peur, je n'oublierai jamais la honte que j'éprouvai en ce moment de faiblesse. Je me sentais diminué, réduit à ma plus simple expression. J'avais 15 ans et je me demandais comment Fidel aurait réagi à ma place. Il aurait probablement lancé un défi à la sentinelle : mano a mano !

A Papadopolis, la création du Collège Jean Price-Mars au mois d'octobre 72 avait défrayé la chronique. Avec sa voix de géant et son physique d'ancien champion du monde des poids lourds, Joe Solon avait égrené sur les ondes de Radio MBC les noms les plus prestigieux de l'équipe professorale. Pour un peu, on aurait cru que c'était un « dream team », une équipe locale qui s'apprêtait à disputer à Munich une compétition planétaire de littérature et d'histoire.

En l'année 74, la sélection nationale de foot allait encaisser 7 buts face à la Pologne, mais nous avions comme consolation nos gloires intellectuelles qui marchaient la tête altière, avec leur cercueil sous le bras.

Parmi ces noms qui « sonnaient comme un manifeste », il y avait des patronymes lourds de rappels sanglants : Fignolé (massacre du Bel-Air, 1957), Benoît (massacre de 1963). Les Philoctète avaient échappé aux Vêpres de Jérémie.

Maître Philo avait fait l'impensable. Il avait laissé l'île de Montréal et le cercle des poètes disparus pour retourner au bercail. Pour lui, l'exil était *plus pire* que la mort. Ce retour à la terre natale lui avait inspiré les passages les plus émouvants de son recueil *Ces îles qui marchent*.

« Que ma terre soit bonne maîtresse à mon retour !

Vers moi qu'elle vienne

Et m'accueille à grands cris de bannières !

Sur ses tables d'essence d'aube d'azur je boirai l'eau de ses grottes

Et de la gorge de ses filles sortiront des colombes pour me fêter et m'élire féal ! »

A Papadopolis, il fallait tôt préparer son lit. Dans les colonnes du *Nouvelliste*, Maître Raymond évoquait avec un bonheur non déguisé une mort hypothétique : « Un beau jour, je foutrai le camp. Tandis que mon chien de cadavre poudré sera exposé dans les somptueux salons de Pax Villa et que, toute concurrence finie, mon ami Jean-Claude Fignolé exaltera les mérites et le rare courage d'un chroniqueur de regrettée mémoire, je franchirai les airs... »

A la date fatidique du 22 septembre, Baby Doc faisait à la Nation un cours de zoologie, de darwinisme politique. Il avait créé le Corps des léopards et de sa mâchoire arrondie de félin sortait un cri lugubre. Un rugissement de fauve affamé de chair fraîche :

« Le fils du tigre est aussi un tigre ! »

Père et fils : même *bagage* ?

Son bagage génétique ne laissait rien à désirer dans l'art presque perdu de la répression massive. A sa façon, Jean-Claude était aussi un enfant prodige. A 19 ans, il avait obtenu une licence en Droit. Le droit de vie et de mort sur tous ses concitoyens.

Notre voisin Phanor gagnait sa vie dans la fabrication des cercueils. Des sarcophages, des bois fouillés, pour la traversée vers l'autre rive. Les clients étaient nombreux et la réservation à l'avance. Il éclata de rire lorsque Yoyo, tafiateur attitré, lui demanda de lui confectionner une bière très confortable.

A la Cité Manigat, Maître Sauvignon sortait rarement de sa demeure. On eut dit qu'il était en confinement ou que le Général Lamort l'attendait quelque part dans une embuscade.

La peste bleue et le virus de la peur faisaient des ravages dans le corps social insulaire.

À la marmaille, au petit monde des classes primaires, Me Sauvignon faisait répéter à tue-tête les écrits de la Fontaine : « Ils n'en mourraient pas tous, mais tous étaient frappés. » Il fallait donc à pas feutrés avancer vers l'avenir.

Sur la cour de récréation du Collège Jean Price-Mars, il n'était pas étonnant de rencontrer une guitare nommée Amos Coulanges, une gazelle du nom de Brigitte, une peinture à l'huile du nom de Clitandre.

Le Collège Price-Mars était le lieu géométrique de tous les talents à l'état latent.

Avec son flair naturel de madone antillaise, Man Fifine avait bien anticipé le futur simple. À ma nouvelle école, je commençai à avoir de meilleures notes en grammaire. L'eau sucrée avait sur ma mémoire et sur ma langue un effet libérateur.

C'est un médicament-miracle que je compte un jour patenter et vendre sur Amazon à raison de $25 dollars la calebasse.

Comme j'avais une peur bleue, pathologique, du succès scolaire, je me mis à obtenir des notes minables, voisines de zéro en physique et en maths.

L'équilibre était rétabli.

J'étais satisfait.

Devant la glace complice, devant le miroir qui me servait d'audience, je me surpris un jour en train de déclamer un joli petit poème aux charmes buissonniers.

C'était de Jacques Prévert.

Et ça s'appelait : *Le cancre.*

« Les rideaux s'ouvrent. Les projecteurs s'allument pour la métamorphose. La transmutation. La transfiguration. Foukifoura viendra, la voix dans le miroir et l'écriture en fête. »

Frankétienne

« En se réveillant un matin après des rêves agités, Gregor Samsa se retrouva dans son lit, métamorphosé en un monstrueux insecte. »

Franz Kafka

Un candidat pas comme les autres

Rien ne m'avait préparé à ce rôle de timonier du grand bateau fou.

Pas grand-chose, en tout cas.

Rien, sinon que l'ironie du sort. Un pied de nez au destin.

S'il avait eu sur son bureau une boule de cristal, mon professeur de langue latine aurait été tout à fait estomaqué. Quelle horreur !

« Décidément, ce pays n'a point de chance ! Toi, candidat ? Tu fais la une de l'actualité ? Serait-ce une rumeur malicieuse ? Une farce à la Bouki ? Un canard ? Un canular ? On aura tout vu dans la chronique de la décadence. »

Être ou ne pas être candidat ?

Si vieillesse savait. Le maître de latin, le latiniste en chef, aurait traité ma léthargie, mon absence de mémoire, mes moments de sénilité précoce, avec plus de tempérance.

Néanmoins, ses jugements étaient toujours comme ça : *ad hominem, ex cathedra*, impitoyables.

Être ou néant ? Héros ou zéro ?

J'étais un cancre *sui generis*, mais je suis candidat à la résidence au Palais ! Candidat comme tout le monde. Candidat comme tous les îliens qui se respectent.

Qui l'eût dit ? Qui l'eût vu venir, arriver en tête de liste, en tête de peloton au point final ?

Pas mon prof en tout cas.

Il était convaincu que l'avenir de ses potaches se dessinait à l'aune des locutions et des déclinaisons latines.

Franc parleur, grammairien hors du commun, avocat du barreau de Papadopolis, farouche défenseur de la francofolie et des cadastres de l'école coloniale, il était emmuré dans ses croyances, ses théorèmes.

Le quotient intellectuel est proportionnel à la capacité de maîtriser le mode indicatif avec ses temps, ses contretemps et ses tempêtes.

Morior, morieris, moritur.

Dans la classe de latin, j'étais exilé de moi-même, exilé de mon île. On eût dit un intrus, un immigrant illégal dans la Rome antique de l'empereur Néron.

Mes penchants naturels me donnaient une posture incertaine, en sobre écart, comme la tour de Pise, comme les lettres en italiques.

A mes yeux d'ado inquiet, enfouraillé dans les dédales du Savoir, les mots latins apparaissaient comme des hiéroglyphes sur des tombes égyptiennes.

Et moi, j'étais momie, enroulé, enseveli dans des décamètres de linceul. La plus gentille petite momie que vous ayez vue de votre vie de fouilleur infatigable. Un fossile humain, calcifié dans la craie blanche du maître, écrasé sous le poids de son hégémonie ; vestige à peine reconnaissable de l'enfant enjoué, cajoleur et madré que je fus dans les bras de ma marraine, Man Fifine.

Quand par un heureux hasard, un accident de parcours, je donnais une bonne réponse à une question épineuse, le magister, maître des vies et des lieux, me rabrouait autant. A ses yeux de moloch, c'était impensable ; une intrusion inadmissible dans le cercle des enfants prodiges qui déchiffraient avec brio le mystère des papyrus.

Pour un peu, Maître Isidore aurait appelé le préfet de discipline pour présenter ses cahiers de doléances. On eût cru que les deux lascars conjuguaient leurs efforts pour empoisonner l'existence des enfants du Bon Dieu qu'ils confondaient volontiers avec des fétus de paille ou du petit mil sans gardien.

Quoi encore ? Quel autre crime fabuleux, abominable ? Fumer l'herbe d'autrui à la fontaine de Boileau ?

Non. Je n'avais pas étudié, j'avais deviné la leçon du jour. *Ager, agri, agrorum.*

À l'école buissonnière, le maître prenait mon indolence de manière très personnelle. A cause de mon jargon iconoclaste, à cause de mes pléonasmes vicieux, à cause de mes constantes erreurs d'orthographe, il m'avait classé dans la satyre des animots. J'étais devenu son cobaye, son cochon d'Inde, un saurien qu'il fallait disséquer, sacrifier de temps à autre sur l'autel de la Connaissance. C'était ça le rituel. Mon pain quotidien trempé à l'encre en lieu et place de café.

Tandis que je me languissais dans le silence, pendant que j'étais en rupture de ban, au moment même où j'essayais de me mettre à couvert, ses lentilles convergentes de grand myope m'accordaient une attention encore plus soutenue.

Vae victis ! Malheur aux vaincus !

Acculé au mur des lamentations, n'ayant pour toute armure que mon uniforme amidonné, j'étais traqué par un cyclope, un minotaure, un monstre mythique du Colisée ou du mont Palatin. Dans le même temps, l'honorable pédagogue se sentait nargué, défié par mon marronnage scholastique. Assis à la dernière rangée, confortablement installé sur mes deux oreilles, les yeux vagues et englués de sommeil, je ne me faisais point de soucis.

Je n'étudiais pas, pourtant c'est lui qui se sentait puni.

L'indicatif présent des verbes irréguliers indiquait au tableau que mon avenir serait sombre, voire tout à fait effacé. J'étais un fantôme, une entité négligeable, un être insignifiant. C'est à peine si ma silhouette apparaissait sur la photo de classe. Au tréfonds de l'absence, dans ma sépulture, je maugréais un passage de Felix Morisseau-Leroy : « Touriste, ne prends pas mon portrait ! »

Ma ligne de conduite était plus admissible dans les cours de dessin et de géométrie. Mal à l'aise dans le corset de l'Hexagone, je me délectais dans le carré de l'hypoténuse, la quadrature du cercle, le sinus et le cosinus. Toutefois, c'est la classe d'espagnol qui apportait une nuance, un bémol, aux prédictions calamiteuses du maître de latin. Comme si j'étais né à la lisière des terres mêlées, sur les sables rougeauds de la rivière frontalière, je me dégageais pas mal dans la langue hispanique. A ma grande surprise, à la surprise générale, j'avais une intelligence instinctive dans cet idiome. Je devinais l'essence des mots comme si dans une vie antérieure et lointaine, j'eus été hidalgo, sujet de la couronne d'Espagne, paladin de la reine Isabelle de Castille.

Mon parrain, Papa Déus, en était émerveillé. Il me paradait devant ses amis et me demandait de réciter avec maestria mon poème favori : *Saber sin estudiar.* Savoir sans étudier ; comme les nourrissons, les poupons, qui absorbent la langue locale dans le lait maternel avant d'aborder la grammaire à l'école.

Ce texte, je l'ai encore sur le bout de la langue, comme si le temps s'était arrêté, comme si ces paroles (funambules beautés) n'avaient bougé d'un doigt sur mes cordes vocales. Il me plaisait au même titre que *Seigneur, je ne veux plus aller à leur école.*

Je trouvais les sonorités du parler espagnol (les oh ! les ah !) vraiment savoureuses. J'y prenais ma douce revanche.

J'étais branché. Les stations locales diffusaient en direct les résultats de la Loteria dominicana. Le dimanche, les riverains de Martissant éclataient d'amertume ou de joie lorsque la radio nationale de la RV (la République voisine) annonçait le gros lot.

Cincuenta siete ! Premio mayor !

Avec le premier lot, on pouvait faire bombance à Martissant, découper copieusement des quartiers de viande.

Les récepteurs de radio étaient friands de chansons latino-américaines. Les vieux ténors de la ballade romantique, Javier Solis et Nelson Ned, étaient plus populaires que la superstar en gestation, Michael Jackson.

La prof d'espagnol était une amie de ma famille. Lorsqu'elle allait ou revenait de la ville de Papadopolis, notre rustique maison, notre grandiose ajoupa, était son pied-à-terre pour la pause-café, un brin de causette, un verre de colas Couronne. A la dérobée, je lui lançais des regards parallèles et obliques. Dans la rosée du matin, elle apparaissait à mes yeux comme la fine fleur du corps enseignant. A la brume du soir, elle scintillait à mes pupilles comme un gemme, la sirène-diamant des contes de la pleine lune.

En classe, on l'appelait Ma demoiselle. Señorita de mi corazón. A mes oreilles, à ma bouche, à tous mes sens, ça sonnait exotique et captivant. Sa voix avait la couleur chaude de Celia Cruz dansant au rythme de la Sonora Matancera de l'île sœur des grands barbus. Les indigènes Taïnos avaient donné à cette contrée (qui ressemble à un reptile qui se dore au soleil) le nom poétique et enchanteur de Cubanascnan.

Ma prof d'espagnol était charmante comme les femmes savent l'être si souvent lorsqu'elles ont le cœur sur la main. Pour atténuer mes tâtonnements et m'encourager dans la voie de la parole en pile, elle caressait parfois la toison de mes cheveux. Ça me causait un trouble étrange, un saisissement indicible, une émotion que j'arrivais mal à traduire en créole. En toute innocence, l'ingénue mettait en branle la sève de ma jeunesse.

Là encore, je perdais mon latin et le do de ma clarinette.

Dans mon for intérieur d'ado rêveur, dans mon château d'Espagne, dans mes songes chevaleresques et quichottesques, je me disais à voix basse : « Quand je serai grand, je demanderai sa main. Je serai son centaure, son étalon, son chevalier servant. Elle sera ma Première dame. *Que sera sera.* »

Dans mes désarrois de novice, dans mes scrupules de catholique apostolique romain, je me torturais l'esprit à cause de ces pensées impures. Je me croyais inique, odieux, exceptionnel, masculin singulier.

En aucun cas je ne pouvais imaginer que de l'autre côté de l'Atlantique, un petit jeune homme timoré au doux nom d'Emmanuel allait caresser ces mêmes rêves jusqu'à en faire une réalité dans les livres d'histoire de la *doulce* France.

Sans crier gare, Emmanuel Macron allait embraser le cœur de sa maîtresse d'école pour en faire son épouse légitime.

Mon cœur à moi fit naufrage lorsque, sans dire *adios, hasta la vista baby,* la prof d'espagnol, fugitive beauté, partit pour l'île de Montréal. Je perdis le goût de l'eau. Je perdis mon appétit.

Livré à la solitude, à un choléra émotionnel, je cessai d'étudier la langue de GG Márquez et d'Isabel Allende. Je fis cela par fidélité envers elle, partie pendant l'été sans laisser d'adresse.

Je sais, c'est absurde, mais je suis comme je suis, foncièrement capricieux et sentimental. Je suis affamé de connaissances, mais je n'accepte pas le pain de l'instruction de n'importe qui.

Au même mois de septembre, une Nana, une Mouskouri du nom de Mireille Mathieu mit un baume sur mes blessures. Sur les ondes hertziennes, sur les airs du temps-longtemps, elle fredonnait « On ne vit pas sans se dire adieu. On ne vit pas sans mourir un peu. Sans abandonner pour aller plus loin. » Ah ! Il fallait bien y penser. Il fallait le dire à l'avance. Ma marraine me consola aussi en me rappelant un dicton du temps jadis : « Mon petit chou, apprends une fois pour toutes que ce qui est bon ne dure pas dans ce pays. »

J'avais treize ans et sans le savoir ce jour-là, Man Fifine venait de me donner mon premier cours de philosophie et de stoïcisme.

Pendant le weekend, j'écoutais avec délices et orgues les refrains lyriques de Javier Solís (le rossignol du Mexique) et de Nelson Ned (le petit géant de la chanson doloriste.) Les notes de musique envahissaient la salle, la transformant en un univers parallèle, un nirvana de cuivres, de violons et de couplets. Ça renforçait mon répertoire, ma collection de mots castillans.

Je me laissais aller à la rêverie et négligeais mes obligations scolaires. Parfois, Ito notre jeune voisin d'en face, affamé de musique et attiré par le goût alléchant des balades, s'amenait sans invitation. C'était la mode à cette époque de grande convivialité entre voisins et voisines : la politique de la porte ouverte. Ito prenait possession de la piste comme si c'était le bien de sa maman ou de son papa. Et c'était tout un spectacle. *Soul Train* avant la lettre.

Mince comme une manche à balai, grand comme un pied de petit mil, il marquait le pas avec l'élégance, la maestria d'un cheval hidalgo. Il excellait dans les styles les plus divers. Avec ravissement, je le regardais faire des merveilles avec ses jambes d'échassier. Pourtant, l'idée ne me vint jamais de lui demander de m'enseigner les entrechats du ballet, le mambo ou le cha-cha-cha.

Je portais encore en moi cette idée superstitieuse et fataliste selon laquelle on a quelque chose en soi, dans le sang, ou on ne l'a pas. Je me trompais royalement.

Ito était possédé par la musique et n'hésitait pas à inviter à la danse les demoiselles d'un certain âge ; celles qui avaient déjà dépassé les nombres de l'almanach. Les yeux fermés, il les ceinturait, s'insinuait sous leur peau jusqu'à devenir avec elles une seule chair. Les seins généreux devenaient ses oreillers tandis que le reste de son corps était en état d'apesanteur.

Ito était-il un autodidacte ? Avait-il appris ça tout seul ? Dans les livres ? Au cinéma du monde ? En assistant aux concours télévisés ? Prenait-il des cours de danse dans son sommeil ? Autant de questions qui me tracassaient l'esprit pendant mes nuits d'insomniaque, de somnambule et de zombie à la belle étoile.

Peut-être qu'il avait reçu les faveurs d'un dieu vodou. Celui-là même qui donnait au corps raide des femmes vertueuses la fluidité d'une couleuvre. Celui-là même, ce *loa*, qui les chevauchait, qui leur tenait les cheveux comme des rênes. Celui-là même, ce Damballah corps-liquide, qui les mettait en transe dans les temples, les *houmfors*, au grand dam de la communauté chrétienne.

Ito était un cavalier précoce et inspiré. On dirait qu'il devinait, anticipait, les notes de musique qu'il n'avait jamais entendues auparavant. On dirait que quelque part, dans son crâne, dans sa cabèche, il avait un YouTube imaginaire. On dirait que dans la plante de ses pieds, il avait le solfège, les feuilles de partition de toutes les ballades.

Moi, je voulais acquérir la faculté de savourer la texture des mots. Les assimiler, les faire danser dans la calebasse de ma tête.

Le professeur de latin avait sans doute raison à mon sujet. J'étais une mauvaise graine, un mauvais exemple pour mes camarades, un cancre de trop dans la salle de classe. Je n'avais pas l'atome, l'essentiel dont on fait les étoiles.

J'étais plutôt le genre lunatique et même mercurial.

En fin de compte, j'ai fait la paix avec lui. Avec le temps, j'ai appris à le comprendre. Même si c'était trop tard. Même si je ne portais plus de pantalons courts.

Je me surprends parfois en train à regretter les enseignements de Maître Isidore. Je n'ai plus personne pour me tirer l'oreille comme il le faisait si bien. Je n'ai plus personne pour me rappeler à l'ordre avec la virulence du stylo rouge. Plus personne pour me chirer les nattes lorsque je cabiche sur les pages blanches.

Personne ne me renvoie à la maison. Personne ne me demande de revenir avec mes parents. Personne ne m'oblige à écrire mille fois : « Je promets de ne plus me comporter en classe comme un pauvre petit con. »

Livré à moi-même, sans supervision, je me complais dans mes gribouillages, mes graffitis et mes rédactions maladroites. Sans raison apparente, je grigne les dents. Je parle pour mon compte, j'entame des discussions houleuses, passionnées et dialectiques avec un alter ego imaginaire. Comme un potache malheureux, je suis seul avec mes crayons, mon ardoise, mon buvard et mon encrier.

Ces temps-ci, j'écris les années en chiffres romains. Je souris lorsque je devine l'étymologie latine d'un mot. Je me dis que Maître Isidore avait combattu le bon combat.

Pour faire amende honorable, j'ai été même tenté de prendre un cours de civilisation romaine à l'école du soir. Je me suis ravisé lorsque j'ai appris que le manuel qu'on utilisait dans cette classe portait pour titre *Le latin pour les nuls.*

Cela a remué en moi des souvenirs douloureux. Je ne veux plus être stigmatisé. Je veux en finir avec l'anathème.

J'ai fait la paix avec le maître de latin. J'ai fait la paix avec moi-même aussi. Entre deux verres de rhum, avec de l'eau bénite, je me suis absous de tous mes outrages, de toutes mes fautes de jeunesse. J'ai demandé à Sainte Bernadette d'intercéder en ma faveur auprès des dieux tutélaires.

Qu'on le veuille ou non, je suis candidat à la rédemption.

« Nos douleurs sont une île déserte. »

Albert Cohen

« Des camarades de bronze ont convié ma jeunesse à l'assaut de cette citadelle qui s'écroule. »

René Depestre

L'université souterraine de Martissant

Vers l'âge de raison, à 18 ans, frais émoulu de l'emballage de l'enfance, je commençai à suivre des cours à une université clandestine. C'était une école à huis clos. On y entrait à pas de chat, en catimini, comme on entrait en religion protestante à l'époque des cabales, de l'Inquisition, et du massacre de la Saint-Barthélemy.

C'était une école anormale supérieure, non-accréditée par le ministère de l'Instruction publique, inconnue du Palais. L'école de la brousse. L'école du maquis.

C'était une école de jeunes marrons, de jacobins noirs, en quête d'épopée, de liberté ou la mort.

Dans sa morgue coutumière, avec sa voix d'outre-tombe, le patriarche Papa Doc aurait prononcé à l'endroit de nos camarades de classe une sentence funeste : « Ce sont des corps gaillards qui cherchent une maladie. Ce sont des morts en vacances. » En effet. Les étudiants étaient repartis en cellules comme si on les destinait déjà, à l'avance, à une brillante carrière de martyrs dans un cachot immonde, sans soleil.

Pourtant, j'aimais bien cette nouvelle école buissonnière. En lieu et place d'agronomie, on apprenait des choses insolites sur les racines de la misère. En lieu et place de médecine, on examinait les effusions de sang, les *veines ouvertes* du corps social.

Comme s'il s'était planté à gauche du Mouvement Ouvrier-Paysan du professeur Daniel Fignolé, le fanion de notre école souterraine arborait une serpette et un marteau. Dans cette petite société secrète et communale, l'instruction était gratuite. On n'y portait pas d'uniforme, ni de mouchoir rouge, ni de gris-gris. Certains étudiants en plumes de paon affichaient une élégante coiffure afro pareille à celle des Black Panthers de Chicago ou de Harlem. Au cours des séances de lecture, de décodage des textes théoriques, ils avaient le regard pénétrant, farouche et opiniâtre d'un Malcolm X.

Les jeunes militantes aspiraient à ressembler à Angela Davis ou à devenir une copie carbone de Toto Bissainthe, la diva qui portait un deuil perpétuel pour exorciser l'absence de mémoire.

Belles et rebelles, les vaillantes amazones, les héroïnes en gestation de la Cité Manigat lisaient avec assiduité *La fabrication des mâles*.

J'avais reçu une bourse d'études, une bonne recommandation d'un camarade plus âgé et j'économisais aussi les frais de transport. La vieille auto asthmatique et nonchalante de mon parrain avait déjà rendu l'âme. Elle datait des années 30, l'époque de l'occupation de l'île par les visages pâles, l'époque qui avait succédé au temps des baïonnettes. La machine noire, aux charmes surannés, se réveilla un beau matin dans une cour des miracles, dans un dépotoir de ferraille, un catafalque de carcasses à ciel ouvert près du boulevard la Saline.

Y'a-t-il une vie après la vie ? Pas la peine de poser cette question aux mécaniciens de l'île. Ils savent faire des prodiges, ressusciter les morts, remettre en marche les moteurs trépassés.

Je revis une fois la vieille auto de mon parrain en train de gravir les terres pendues, les pentes abruptes du morne Lélio. La Chevrolet était aux anges. Elle avait une joie de vivre et une agilité étonnante pour son âge. Je la regardai droit dans ses deux phares allumés. Elle ne me vit pas. Même pas l'aumône d'un clin d'œil.

Qui sait ? C'était peut-être un sosie, une autre bagnole, une sœur jumelle, née à l'époque de la Grande Dépression, dans la même maternité d'une usine américaine de General Motors.

Quoi qu'il en soit, je n'avais pas besoin de roue libre, je vous dis. La faculté souterraine était dans mon village, dans mon quartier de lune, dans ma terre-mer de Martissant.

On y enseignait les sciences po, le maniement des armes blanches (en papier), la typographie, la sédition, un nouvel art de vivre, toute l'artillerie de la littérature contestataire.

Pour le Grand Soir, pour les lendemains qui chantent. Georges Castera était déjà en exil depuis des lustres mais il n'avait pas encore ciselé son recueil de poèmes *L'Encre est ma demeure*. Srdja Popovic était alors un gosse de cinq ou six ans et n'avait pas encore enfanté son chef d'œuvre : *Comment faire tomber un dictateur quand on est seul, tout petit, et sans armes.*

La gaguère en gestation n'eut jamais lieu sur les hauteurs du Pic Macaya. La Révolution ne se tint pas aux abords de la cathédrale. Ceux qui échappèrent à la monotonie du parler en pile, à la lassitude des études doctrinales, aux luttes tribales, intestines, à l'amertume des illusions perdues, reçurent en fin de parcours un parchemin : un diplôme *magna cum laude* de militant en pyjama, de philosophe en pantoufles ou de révolutionnaire de salon.

Compagnons de mauvais jours, compagnons de déroute, ils apprirent à faire cavaliers seuls, à cheminer en loups solitaires, à se regarder en chiens de faïence. En fin de compte, ils s'éparpillèrent en mille et miettes morceaux, dans les décombres et la poussière des particules politiques.

Mon premier manuel d'apprentissage fut *Gouverneurs de la rosée*. C'est ainsi que je fis connaissance avec Annaïse dans les voisinages de Fonds-Rouge.

- Bonjour commère.

- Bonjour compère.

- Comment va la famille ?

- Pas plus mal, non.

- A la revoyure, ma commère.

- A tantôt, mon compère. Pas plus tard que plus tard.

Nonchalante, elle allait pieds nus quérir l'eau à la source. Là où la sirène apparait parfois les nuits de pleine lune à ceux qui cherchent les faveurs du ciel.

Avec sa robe bleue en dentelles blanches, Annaïse souriait à la vie.

Les conditions d'accès à la faculté clandestine étaient strictes : une discipline de fer, l'appétit textuel, la chaleur humaine, la fièvre révolutionnaire, la solidarité avec les misérables, le dessein de changer la vie, de prendre d'assaut les Fort-Dimanche, les Moncada, toutes les bastilles des roitelets du Quart-monde.

En dehors des journaux officiels *Plumes de Pintades* et *Plume ne Grouille,* en dehors des *Mémoires d'un leader du quart-monde* et du *Catéchisme de la papadocrassie,* on lisait tout à ses risques et périls. Par arrêté présidentiel, sous peine de détention illico, illimitée, il était interdit de colporter des libelles, des satires, des fascicules subversifs, antifascistes, attentatoires à la bonne marche de la satrapie.

Opposants réels, ennemis imaginaires ? Les hommes en bleu (ton sur ton) traquaient tous les quidams : du commun des mortels jusqu'à ceux qui se croyaient à l'abri du malheur. Certains étaient soupçonnés de dédain, de désamour, de peu d'appétence envers le régime de république bananière.

C'était inacceptable.

Pour le pasteur Luc Désir (exécuteur des basses œuvres, tortionnaire sans repos sabbatique), l'évangile se résumait au verset 100 : Honore ton Papa Doc et ta Maman Simone.

La présidence à vie avait mis à mort la vie intellectuelle des années d'antan. Les hommes de main de l'autocratie, circulant en 4 par 4, suivaient de près les moindres mouvements de la pensée.

Une activité anodine, insignifiante, comme une séance de signature à la librairie de la place ? Inimaginable.

Une conférence à la faculté des Lettres sur *Moi, le suprême* d'Augusto Bastos ? N'en parlons pas.

Comme dans une séquelle de *L'île au trésor* de Robert Stevenson, lorsqu'une vague de répression s'annonçait, lecteurs assidus, penseurs et plumitifs suspects enterraient les joyaux de leur bibliothèque dans un coffre de pirate.

C'est ainsi que les agents des Recherches Criminelles de la zone de Lamentin découvrirent un jour, près de Côte-Plage, le célèbre roman de Maxim Gorki : *La mère*.

Selon les excavateurs d'un âge certain, selon les chercheurs d'or et de jarres, selon les barbus au pelage sel et poivre, le sous-sol de l'île serait encore riche en gisements de livres, en trésors littéraires momifiés par le temps.

Dans ce contexte d'intranquillité, de tête chargée et de bouleverses, mes camarades étaient vigilants au point de devenir paranos. Pourtant, c'est le Chef Suprême enfermé dans son bunker palatial qui souffrait d'un cas aigu de délire de persécution. Il voyait des ennemis partout. C'était à vous fendre le cœur. Lorsqu'il passa de vie à trépas, le sans-poil Diabolo versa des larmes incessantes pendant vingt-deux jours et vingt-deux nuits. Il venait de perdre un parent cher en la personne de Papa Doc.

Mes moniteurs d'éducation doctrinale scrutaient partout aux alentours (à la loupe, au lorgnon, au télescope) : le va-et-vient des mouchards, le vol des maringouins hermaphrodites, la migration des pintades carnivores vers les poches de résistance de l'opposition.

Le mot « politique » sonnait mal aux yeux des autorités. Elles voyaient rouge. Elles portaient lunettes noires et avaient la mine sombre, mortuaire, du directeur des pompes funèbres Le salon de l'ange bleu.

Politique. Ce terme maudit entrainait à lui seul des malheurs indicibles. C'était le mot funeste, le mot *madichon* qui ouvrait la porte de l'au-delà (l'univers parallèle que les îliens appellent dans leur langue imagée : le pays sans chapeau.) Au moment fatidique, au moment de partir pour l'exil éternel, on ne savait rien de la météo ; on ne savait pas s'il allait y faire plus chaud que dans l'enfer local.

Politique. Ce terme tabou pouvait à lui seul provoquer des bains de sang et des torrents de larmes. Dans le décor inquiétant de la satrapie, le seul antidote contre le virus de la mort, de la soudaine disparition, c'était le masque, la clandestinité : se terrer quelque part, se boucher le nez, se laver les mains, ne pas toucher à la politique. A moins d'avoir un sortilège, un talisman, comme ces maçons de la loge du Grand Orient qui savent échapper aux périls de la vie avec des tirades cabalistiques et des formules abracadabrantes.

Mes gourous de l'école clandestine mettaient en garde contre les dérives de l'égomanie, le besoin irrépressible de paraître, de pointer le nez, l'arrivisme grand dent, la folie des grandeurs, la joie de soi. En guise d'illustration, ils citaient le narcissisme à la mode de Baudelaire : « Le dandy doit aspirer à être sublime sans interruption. Il doit vivre et dormir devant un miroir. »

Ces principes élémentaires de philosophie faisaient partie du curriculum, du code d'instruction du parfait militant. Pour moi, c'était peine perdue. Ce n'était pas de mon apanage. J'étais introverti au point de vouloir être invisible. Je n'avais aucune inclination pour la mythologie personnelle et les jeux interdits de l'ostentation.

Pile ou face ? Tonton Nord ou palmiste ? J'étais le revers de la médaille. Mon péché mignon, c'était la réserve, la gaucherie, une anxiété morbide, paralysante, à la lisière de la schizophrénie.

Je vivais ma vie au verso, dans la postface, en quatrième de couverture, là où les inquisiteurs qui ont le souffle court n'arrivent jamais. J'étais pareil au bouffon Pierre Richard dans *Je suis timide mais je me soigne*.

À l'inverse de ces plantes qui, dans un effet de tropisme, grandissent vers le soleil, je me dirigeais vers l'ombre, le clair-obscur, le demi-jour. On eût dit que le chat m'avait volé la langue. On eût dit que ma langue était morte et enterrée sans pierre tombale dans un terrain vague de Babylone.

De ma fenêtre, j'apprenais, je prenais note, je scrutais avec émerveillement le cinéma du monde.

Jeunot alarmé, je côtoyais la mer mais évitais la foule carnavalesque des badauds. En temps normal, quand il faisait bleu, je bâtissais des châteaux de cartes.

Je jouais au solitaire.

J'aurais éclaté de rire, de fou rire hystérique, si une sirène, si une sybille, si une manbo de Martissant avait lu l'avenir dans la paume de mes mains : « Tu partiras un jour en pèlerinage. Je te vois avec un foulard sur la poitrine. Je ne sais pas si c'est une écharpe bleue et rouge de président ou un bandage rouge et blanc de grand blessé. »

« Un autre jour, il se croit fou, et il raconte comment il l'est devenu avec un si joyeux entrain, en passant par les péripéties si amusantes, que chacun désire le devenir pour suivre ce guide entrainant dans le pays des chimères et des hallucinations. »

Gérard de Nerval

« La neige est un geôlier blanc qui monte la garde devant une prison. »

Aimé Césaire

Un drôle de paroissien

En ce temps-là, Jésus dit à ses disciples...

Oh, oh. Je me trompe de saintes écritures.

En ce temps-là, l'évangile selon Saint-Marx était à l'ordre du jour. Ses versets, ses épitres, circulaient sous les châles dans les cercles clandestins. Au cours des séminaires et des séances d'adoration, on rendait hommage à un autre Christ : un métèque barbu et omniscient du nom de Karl.

Sur les images taillées, il ressemblait au pâtre grec de Moustaki. Sa photo en noir et blanc, jaunie par le temps, avait la plus-value d'une relique.

Comme l'autre Christ, il était juif, comme l'autre Christ, il était infaillible, comme l'autre Christ, il avait ses préceptes et son paradis perdu de la commune primitive, à l'est de l'Eden. Un paradis qu'il fallait refaire, réitérer, comme dans un couplet, comme dans un chant d'espérance de Jean Ferrat : « Mon amour, ce qui fut sera. »

Manifestement, nous ne comprenions pas grand-chose à la doctrine du vieux Marx, à son livre capital, à sa *Critique du programme de Gotha*, à sa *Sainte famille*. Néanmoins, nous croyions mordicus, à nos risques et périls, que ses écrits avaient valeur de testament.

Les autres fidèles, les paroissiens de Sainte-Bernadette lisaient la *Genèse*, la biographie d'Adam et Eve, le crime odieux de Caïn. Nous, nous lisions *L'Origine des* espèces, *L'Origine de la famille, de la propriété privée et de l'Etat*.

Là-haut, au bas de la montagne, près de la fontaine de jouvence, j'avais un guide spirituel, un gourou, dont la maison était le temple du Savoir. Comme Marx, il portait un prénom allemand inoffensif, mais son nom de guerre (Bèkfè) traduisait avec éloquence sa détermination dans la Résistance.

Mes camarades de l'école souterraine recrutaient des disciples pour multiplier le pain de l'instruction. Dans notre agglomération accostée à la mer, ils faisaient des pêches miraculeuses de jeunes recrues. Petit poisson deviendra grand. Ils prêchaient les vertus de la vie austère, monacale ; une vie de spartiate. Ils vilipendaient l'esprit de lucre, la luxure, la vie douillette, désinvolte, petite bourgeoise, indifférente à la misère humaine qui sautait aux yeux.

Pour un peu, ils auraient recommandé aussi le jeûne.

4o jours et 4o nuits.

Pendant longtemps, j'ai vécu dans les marges, pendant longtemps j'ai appliqué à la lettre les règles de l'anonymat. C'était devenu un réflexe, une seconde nature. Même quand je n'étais plus à l'œil, même quand j'avais proclamé mon indépendance, même quand j'avais pris la décision de vivre sous l'égide de ma propre constitution, même quand j'étais devenu un rebelle sans parti. Quand par hasard je m'amenais à une soirée mondaine, à un cocktail, à un salon, les femmes savantes qui connaissent tous les libertins, tous les bourgeois gentilshommes dans un périmètre de vingt mille lieues radius, se disaient incertaines : « Qui est ce quidam ? Qui est ce Jourdain ? Je ne l'ai jamais vu de ma vie. Est-il amarré ? Est-il sous la tutelle d'une précieuse ? »

Je vivais entre parenthèses et adorais cet enfermement.

Tout corps plongé dans l'ombre et l'abysse reçoit une poussée verticale vers la lumière. Si ma mémoire est fidèle, c'était le théorème favori de Me Jonas, notre sacré professeur d'optique. Il fréquentait avec assiduité la salle du royaume des témoins de Jéhovah.

N'allez surtout pas me citer. Je vous connais. A l'endroit et à l'envers. Il y a longtemps que je vous suis, pas à pas, dans ce chemin de Galilée que l'on appelle la vie.

Déperdition de l'identité ? Etat de pamoison ? Moi pas moi ? Paumé du petit matin ? Je n'arrive pas à trouver une explication rationnelle à ma métamorphose. Tout ce que je sais, c'est que je pense que je suis. A l'automne de ma vie, je ne me reconnais plus dans la glace et la neige de l'ex-île.

Vertige. Comme un cerf-volant qui entend soudain étaler ses couleurs d'arc-en-ciel, comme une chenille qui du jour au lendemain devient papillon, un dimanche mâtiné de fantasmes, je me suis réveillé différent de tous les autres jours.

Foukifoura de Frankenstein ?

Bobomasouri de Basilic Dantor ?

Homo politicus ?

Homo erectus ?

Serais-je devenu un autre spécimen, un avatar de moi-même, un hominien étrange dans la savane du monde ? Cette mutation serait-elle liée à un accident vasculaire, un choc cérébral ?

D'aussi loin que je me souvienne, je n'ai pas heurté de poteaux électriques pendant les cinq dernières années. Autrefois, ces lampadaires exerçaient un pouvoir magnétique sur ma vieille ferraille, mon auto importée de Bogota.

Je ne roule plus à tombeau ouvert. Je n'ai pas eu d'accident majeur depuis le temps où mon permis de conduire fut révoqué avec des circonstances aggravantes.

Au Palais de Justice, un radar, une caméra policière m'avait accusé de me conduire comme un fou du volant.

Eternel somnambule, aurais-je fait une chute sur du béton armé ? Sur un glacis de neige ? Dans une phrase creuse ?

Aurais-je eu dans mes songes un accident de cheval ? Une chute de mon piédestal, de ma statue équestre ?

A priori, je ne veux écarter aucune hypothèse, même les plus farfelues.

L'esprit malin aurait-il volé mon âme, mon bon ange, pour laisser à sa place un changelin ?

Rassurez-vous bonnes gens ! Je ne me suis pas mué en insecte géant comme Gregor, la créature de Kafka. Je vous parle ici de choses crédibles et vraies par-dessus le marché. Je n'étais pas cloué au lit, paralysé, incapable de me lever. Je n'avais pas le cafard.

Un dimanche, alors que je m'apprêtais à me raser, je ne me suis pas reconnu dans le miroir de la salle de bain.

On eut dit que j'étais à mon antipode ; comme si soudain j'avais émigré, je m'étais éloigné de moi-même.

A la surface, j'étais le même ; au fond j'étais différent. Cela n'échappait pas aux yeux du sphinx qui était en moi.

La glace ne mentait pas. Je n'avais plus froid aux yeux.

Je ressentais une fièvre, une euphorie, une fureur de vivre, comme si une flamme nouvelle s'était allumée au tréfonds de mon être. Je ressentais un désir insoutenable de conquête. C'était comme si la bouteille de bière *Presidente* que j'avais savourée la veille, s'était convertie dans mon sang en injection massive de testostérone. Etrangement, le précieux liquide, la cerveza, avait eu dans ma bouche un goût de poulet. J'ai tout de suite pensé à ce compatriote, un notaire de Pétion-Ville expatrié au Québec, connu sous le sobriquet de Maître Mo, qui un beau jour avala une potion de vermifuge parce qu'il sentait un picotement au ventre. Il se réveilla le lendemain en état de poésie : transformé en serpent à sonnets.

Il devint très célèbre au Japon avec ses deux recueils : *Vers à soie* et *Vers solitaires*.

Enfin. Mettez-vous à ma place. Comment auriez-vous réagi après la mutation du petit matin dominical ? Je vous connais. Vous auriez dit doctement : « Bah ! Ce n'est rien ! C'est le stress, une crise existentielle, un moment éphémère d'insanité virale. Il y aura plus de peur que de *mâle*. »

Moi, j'ai frémi. Le lendemain, le généraliste du service d'urgence m'a tranquillisé. Non, ce n'était pas un cas insolite de Covid-19 ou de malaria.

Quoi alors ?

C'était la fièvre électorale qui accompagne souvent la maladie du pouvoir.

Du moins, c'était l'avis, le diagnostic de mon médecin de campagne, le docteur François Delisle.

« Etre exilé, c'est être d'ici et d'ailleurs, c'est être à la fois dedans et dehors. »

Yanick Lahens

« C'est quoi un kilomètre quand c'est en nous que le pays s'éloigne. »

Anthony Phelps

Un étranger à Papadopolis

Ma ville est assise sur une faille.

Je ne sais plus s'il faut écrire ma ville avec un L ou deux L. Je ne sais point si bidonville est masculin ou féminin. Je ne me fais plus autant de soucis. Pendant près d'un demi-siècle, j'ai assisté impuissant à l'avilissement de Papadopolis. Etat lamentable. Peine capitale. Une agonie lente, minutieuse, sous l'œil hostile d'une dynastie avide de sang et d'argent. Une dynastie avide de durer au-delà d'elle-même et qui a réussi à le faire. Un poignant témoignage de ce que Firmin appelait naguère : l'effort dans le mal.

Ça fait longtemps que nous sommes dans l'eau. Ça fait longtemps que nous sommes dans la mer.

C'est ainsi que je suis moi-même devenu une île à la dérive, sans boussole, sans port d'attache, sans numéro d'immatriculation. Une île qui tangue sur les plaques tectoniques du triangle des Bermudes.

Animâle amphibie, j'ai bourlingué sur toutes les mers et même les grands-mères. J'ai erré, pataugé par-ci par-là dans le grand aquarium de la planète bleue. J'ai appris à connaître les mystères de l'eau, ses récifs, ses atolls et ses statues de sel.

Parce que je vis depuis longtemps en l'autre bord de l'océan, je suis devenu une entité nébuleuse sur ma terre natale. Lui, candidat ? C'est qui, c'est quoi ? X, Y ou Z ? Un autre mandarin engagé dans une quête utopique de quinquennat ? Un original ? Un fou doux, frais émoulu de la raffinerie de Long Island ? L'exil serait-il un asile ? La cage de l'oiseleur ? Un nid assourdissant de coucous ?

Autant de questions oiseuses, d'énigmes, de mystères que je laisse aux soins des beaux parleurs, des érudits, de ceux qui cherchent à disséquer les tripes de la fourmi ou les os du calalou.

De mon mirador, de ma tour d'ivoire, je ne reconnais plus ce cimetière marin pavé d'épines, de barbelés, que j'aime tant et appelle mon pays.

Après vingt-neuf ans de galvaudage, il était impossible de faire pire. Pourtant, on l'a fait allègrement. Impossible n'est pas créole. L'abysse n'a pas de plancher. Il y a toujours moyen de s'enfoncer plus bas, au tréfonds, dans les crevasses d'un gouffre avide de victimes.

Je ne reconnais plus ces jeunots, ces bâtards devenus des fils de fer et d'argent. Ils kidnappent et rançonnent le pays. Notre humanité est en péril. Nou pa moun ankò ?

Et pourtant, j'aime de fol amour cette contrée, comme un goéland aime la mer, comme un pélican qui se pâme dans les eaux de la commune de Grand-Gosier. J'y voyage la nuit sans billet d'avion, sur tapis volant, sur balai magique, gonflé à l'hélium. J'adore ces moyens de locomotion. C'est ainsi que j'échappe à l'enfermement, à la promiscuité des aéroplanes de la ligne aérienne Pipirite Airways.

Dans un effet boomerang, dans mes rêveries d'or, de turquoise et d'opale, je me vois toujours à Martissant. Car l'amant retourne toujours sur le lit du péché originel.

Mon vrai domicile fixe, c'est Martissant. C'est ma terre-mère. C'est mon toit. C'est mon moi intérieur.

Je suis jaloux, je le sais. Je suis chauvin, je l'admets. Territorial ? Tout ce que vous voulez. Selon Zulie, j'ai le défaut de mes qualités. Je réclame l'exclusivité nationale dans le procès de ma terre. Je m'arrache les cheveux lorsque j'entends les remarques désobligeantes des visages pâles.

J'ai une déveine cordée ; à chaque fois que j'allume la télé pour tuer le temps, je surprends monsieur Leblanc en train de répéter la même rengaine : « Pays le plus pauvre... »

Samedi dernier, à l'émission d'astronomie *Notre Univers* l'animateur n'a pas su résister à la tentation de verser du sel sur mes blessures de patriote écorché vif comme un sanglier : « Pays le plus pauvre des astres de la galaxie. Pays le plus pauvre de la Voie lactée ; une entité chaotique dans les parages d'Armageddon et de Belzébuth ; la misère en orbite perpétuelle ; pays qui a surgi dans l'Histoire comme une comète et est en voie de désertification comme Mars ; ce pays est probablement l'enfer d'une autre planète. »

Mon premier arrêté en tant que chef d'Etat sera une interdiction de séjour contre les contrevenants d'outre-mer. Ils seront déjà là, sur place, pour la retransmission de mon investiture sur les chaînes étrangères. La liste est longue. Ce sont des récidivistes. Ils sont fichés, ils sont fichus.

Mon deuxième décret sera de déclarer *persona non grata* les blasphémateurs qui qualifient ma portion d'île de merdier.

Ils doivent arrêter de fourrer la bouche dans les affaires qui me regardent. C'est mon foutu pays, nom de Dieu !

Pardon my French. Si je ne fais pas attention, je vais perdre les bonnes manières que Man Fifine avait insufflées en moi. J'aurais besoin en ce moment d'une infusion de civilité. Une tasse de tisane, de camomille ou de verveine, pour calmer le sang chaud qui me monte à la tête.

L'âme inquiète, je reçois quotidiennement des nouvelles lugubres, alarmantes. J'en reçois sans arrêt depuis l'époque immémoriale où le Ciné Palace avait à l'affiche *Le temps du massacre.* Cette parcelle d'île est un terreau propice aux flambées de violence, aux cliquetis d'armes lourdes.

A la lueur du jour, à la bruine du matin, je sais à quoi m'attendre. C'est devenu une morbide addiction. Je surfe les réseaux, je manie les coupures de journaux pour évaluer les dégâts, pour m'informer sur les nouvelles mauvaises nouvelles. C'est une compulsion de masochiste, une morsure quotidienne qui me démange les yeux.

Dans les journaux, l'impression est toujours la même : il y a urgence en la demeure.

Il y a un prix à payer lorsqu'on a le privilège ou le malheur d'appartenir à un pays mythique. Un tribut de sang. Des tiraillements de tous bords, de tous calibres. Le supplice de la roue qui mène ailleurs. Le mal de vivre. Le vague à l'âme.

Je traîne ce pays derrière moi comme un boulet de galère. Il me suit de près, pas à pas, dans la cour immense du pénitencier que l'on appelle : ex-île.

Sans s'en rendre compte, on s'accoutume, on s'accommode aux mauvaises nouvelles emballées dans du papier journal. Mon pays est à l'article de la mort. C'est ça. C'est le petit déjeuner, la cassave de manioc amer que je trempe le matin dans mon café noir.

Aujourd'hui, des malfaiteurs ont profané l'enceinte d'une église. Ils n'étaient pas venus recevoir la cène, faire pénitence ou donner la dime. Loin de là. Ils ont fait une irruption tapageuse en pleine séance de recueillement et d'adoration. C'étaient des malandrins, des mécréants, des belligérants habitués à tuer sans remords. A la surprise de tous, des fidèles et des infidèles, des agneaux de Dieu et des brebis galeuses, le prédicateur, le moralisateur, avait soudain un masque d'épouvante sur la face. Une peur bleu ciel. Ça faisait peine à voir. On eût cru qu'il ne voulait plus aller au paradis dont il vantait plus tôt les délices comme un exil doré ou une charmante destination touristique.

L'espace d'un cillement, en moins de temps qu'il ne faut pour crier « God damn it ! », le pasteur se barricada derrière une jolie demoiselle qui portait une robe jaune.

Jadis, au temps de mon enfance indolente, c'était le règne de la terreur. La virulence verbale décomplexée : « J'aime la sauvagerie de mes tontons macoutes. » Puis, vint la paix des cimetières après l'hécatombe. La perpétuation. La pérennisation de Papa Doc à travers le temps et l'espace. Comme pour un négrillon créole, né en esclavage à Saint-Domingue, cela avait à l'époque une allure de normalité. Je croyais que tous les pays d'outre-mer avaient aussi leur Patriarche, leur père Fouettard.

Le temps d'apprendre à vivre, le temps de reconnaître mon image dans la glace, le temps de savoir que mon ombrage c'est encore moi, on avait décimé la majorité des challengers. On s'habituait désormais à un robinet de sang coulant au compte-gouttes. Les tueries et les disparitions se faisaient plus rares, plus sélectives. A Radio Nouveau Monde, on appelait ça progrès, réconciliation nationale, unité de la famille. « Mon papa a fait ceci, moi je ferai cela. » C'est ce qu'on entendait sur les ondes. Toujours en période de périls et de fragilité, on parlait de révolution économique. En effet, on faisait économie de sang. Le sang perdu ne se rattrape jamais.

À défaut de pétrole, une firme locale, Dracula Incorporated, exportait du plasma : le sang généreux des crève-la-faim livrés à l'agression incessante des microbes génocidaires. Un sang vigoureux qui avait fait ses preuves dans des conditions hostiles à la vie humaine. Un sang riche en antibiotiques naturels.

Le prince de Machiavel, l'adolescent mâle omnipotent, le nouveau chef de file de la satrapie, avait pourtant promis de recoudre les veines ouvertes de la Patrie. Néanmoins, il avait hérité de son docte Papa un diplôme médical de croque-mitaine, avec droit de vie et de mort sur cinq millions de patients et d'impatients.

Les anglophones l'appelaient Baby Doc. Les Francs l'appelaient Gros Michelin en raison de sa ressemblance avec l'avatar de leur compagnie de pneus.

Fait à l'image du père, il portait la même marque de fabrique : la couleur fauve de la Tigritude.

Devant les caméras étonnées de la presse étrangère, il circulait en public avec son colt 45, un beau joujou en argent qui scintillait au soleil. C'était un enfant malade qui souffrait de l'anxiété de séparation. Le revolver avait sur sa main droite un effet thérapeutique. Il calmait sa démangeaison. Au conseil des milices, au conseil des secrétaires et des sous-secrétaires d'Etat, l'arme meurtrière se reposait calmement sur la table. Inhabitué aux allures surréelles de la politique locale, MLB, un ministre diasporien parachuté par Washington, en reçut pour son compte.

En son âme et conscience, il se prenait pour une colombe parmi les pintades. Mais en période d'accalmie, la chasse aux ramiers remplaçait la chasse à l'homme.

Mister Clean ne fit pas long feu dans les écuries d'Augias.

En ce temps-là, une autre firme, Cadavres Exquis, exportait des dépouilles vers les écoles de médecine d'outre-mer. Commerce lucratif. Dans les cachots, il n'y eut point de dimanches. Pas de jours fériés pour le Général Lamort. Aux alentours de Noël 1978, le poète Anthony Lespès expirait dans sa cellule.

A Papadopolis, le razeurisme faisait la guerre à ceux qui avaient la folle prétention de manger à leur faim. L'argent ne fait pas de boules dans la poche des malheureux, chantait sur une note élégiaque le troubadour Gesner Henry tandis que Me Philo publiait son *Oraison à Saint Centime*.

A l'heure qu'il est, alors que le nouveau millénaire fête déjà ses vingt-cinq ans, c'est le chaos programmé, la mort partout avec vous. Une contrée balkanisée, réduite à sa plus simple expression. A la boucherie-charcuterie, chacun cherche à sauver sa peau. Les bandits sont armés de la barbe au cul. Seuls les plus téméraires ont choisi délibérément de rester. Ils bravent le danger au quotidien.

Mes partisans m'appellent de toutes parts pour me donner mon trop-plein de mauvaises nouvelles. Des nouvelles qui sont du déjà lu, du déjà ouï. Bonnes à placer dans la rubrique des faits divers, des accidents de bécanes, des épousailles, des lunes de guêpe, des séparations de corps, des avis de divorce.

Les nouvelles alarmantes, c'est l'affaire de tout le monde. « *Pitite*, tu as entendu ce qui s'est passé hier à Kenscoff ? Nous n'avons pas de bouche pour parler. » Ceux qui ont la légèreté de naître à Bombardopolis deviennent candidats à la mort subite et prématurée. Automatiquement.

La diffusion des mauvaises nouvelles est devenue le passe-temps favori des fatalistes qui attendent leur tour dans l'antichambre de la mort.

Ces nouvelles ont toujours sang comme dénominateur commun.

Que faire pour exorciser le malheur ?

Que faire pour arrêter la roue du destin ?

Que faire, je vous demande ?

En ma qualité de candidat, en ma qualité de kamikaze, je me sens prêt à accepter le sacrifice ultime, à m'offrir en holocauste.

« Si tout le monde, du plus petit au plus grand veut être aujourd'hui président de la République d'Haïti, à qui la faute ? »

Edouard Pinkombe

« Le vieux monde se meurt, le nouveau monde tarde à apparaître et dans ce clair-obscur surgissent les monstres. »

Antonio Gramsci

La problématique du retour

Le chemin du retour pourrait présenter des embûches, des machinations. Dans mon journal de bord, je griffonne çà et là des émotions éparses. Ma sirène et moi, on se prépare à faire face à des périls, à des rocs escarpés. En peu de mots : les dents de l'amère patrie.

Zulie a souligné à mon attention que même dans la fiction, même dans les romans, le retour au bercail reste problématique. Elle l'a vu dans *Compère,* elle l'a lu dans *Gouverneurs,* elle l'a revu dans *Séna,* la mésaventure du sénateur Jean-Baptiste Rénélus Rorrotte après son séjour à Paris.

Heureux qui comme Ulysse a fait un beau voyage et puis est revenu…? Ça, c'est de l'histoire ancienne. Un conte à dormir debout, une odyssée reléguée aux calendes grecques.

Beaucoup d'eau a coulé sous le pont Beudet depuis mon départ. Cependant, selon des sources sûres et limpides, les choses ont commencé à bouger en ce qui a trait à mon émergence comme candidat. Récemment, j'ai reçu sur WhatsApp un message doucereux d'une jeune femme inconnue qui s'est ouverte à moi : « Votre nom est parvenu jusqu'à nous. Je vous suis de près. Je dis oui à votre cause. Vous êtes sur la bonne voie. Continuez, je vous prie. »

Mon cri de ralliement a été entendu. Cela m'a fait chaud au cœur au mi-temps de cette tempête de neige et l'océan glacial arctique de l'ex-île. Les mots rassurants de cette demoiselle m'ont apporté un sentiment de légitimité. Elle m'a fait penser à une chanson de ma jeunesse : *La femme est l'avenir de l'homme.*

Jusqu'à preuve du contraire, mon lancement et ma mise en orbite sont allés au-delà de toute espérance. Je monte à pic dans les sondages.

L'incroyable nouvelle de ma candidature à la présidence de la République s'est répandue sur les réseaux sociaux à une vitesse phénoménale. Evènement hors du commun, elle a eu sur l'île l'effet de l'amerrissage d'une soucoupe volante dans la rade de la Saline.

Jusqu'à ma déclaration officielle en grandes manchettes dans les colonnes du quotidien *L'Avenir*, un paquet de monde, des milliers même de curieux et de directeurs d'opinion mettaient en doute le bien-fondé de cette info.

Une nouvelle campagne d'intoxication ? Des rumeurs infondées ? Matraquage médiatique ? Loin de là. Je suis bel et bien candidat.

Désabusés, blasés, habitués à être bernés au quotidien, les riverains, les frères de la côte, avaient pris la nouvelle avec un grain de sel. Ils ont cru un instant que c'était un canard ou un poisson d'avril en plein mois de mai.

Ma déclaration de candidature a provoqué pas mal de bouleverses et d'agitations dans ma vie autrefois si sereine. On me réclame partout à la télé et dans les stations de radio pirate. Je réponds à des appels insupportables et incessants sur mes deux iPhones.

Je viens de recevoir ce matin, par UPS, une offre alléchante de financement du tout-puissant sénateur dominicain Alejandro Macaròn. C'est l'un des actionnaires de la compagnie Photoshop Construction Incorporated. Cette firme est spécialisée dans la reconstruction virtuelle des pays sinistrés. En échange de quelques millions, on reçoit plusieurs catalogues de photos réalistes qui donnent la vivide impression que quelque chose de beau et de grand a été fait. Le suivi est assuré avec la distribution massive, régulière, des images virtuelles qui remplacent la réalité. C'est comme ça que deux douzaines et demie de stades olympiques ont été construits à travers le pays par le PM Lolo Larose. Certes, ils sont invisibles à l'œil nu, mais ils existent pour tout de bon dans un monde parallèle.

On dira ce qu'on dira : la photo est la reine des preuves.

J'ai dû décliner également une proposition de l'Armée du Salut d'assurer mes frais vestimentaires, mon transport et ma sécurité rapprochée. Mon autonomie ? J'essaie de la garder jalousement. Je ne veux pas avoir de redevances envers les entités étrangères. Je me veux patriote et intègre jusqu'au bout des doigts.

Je ne sais pas si je deviens parano, mais dans mon quartier, je remarque des voitures de police avec une fréquence inusitée. On dirait que les flics sont sur le qui-vive. Seraient-ils en train de dérouter, de prévenir une catastrophe annoncée ?

Donald, le bulldog orange de mon voisin xénophobe m'a souri quand je l'ai regardé dans le blanc des yeux. Clin d'œil complice et amusé. Il me prend peut-être pour un mangeur de chats.

Il m'a probablement vu à la télé et dans les journaux. Sait-il que je pars bientôt ? Sait-il que je suis candidat ? Peu importe. Il aime intimider les caniches et les chihuahuas de notre quartier. A un moment donné, j'ai dû lui faire la leçon en lui disant : Aime ton pro-chien comme toi-même.

Dans les rues de Brooklyn, de Queens County et d'ailleurs, de parfaites inconnues me dévisagent avec une curiosité inhabituelle. Les seins se lèvent pour saluer mon passage. Serais-je en train de secréter une phéromone irrésistible ? Un arôme magnétique ? Serais-je en train de porter un halo, une auréole de gloire qui attire l'attention et réclame la révérence ?

Depuis la publication du calendrier électoral, je me porte comme un charme. Je rêve de ma propre révolution d'octobre par la voie des urnes. Je suis dans un état d'extase et de douce euphorie.

A cet égard, Bibil m'a rapporté l'histoire insolite d'un candidat gravement malade qui est sorti du coma lorsque le mot magique (élections !) a été prononcé dans la chambre du sanatorium où il se mourait. C'était le remède idéal, le médicament miracle qu'un *bòkòr* avait eu la clairvoyance de suggérer aux parents affligés.

Pour ma part, j'ai souvenance que lors des dernières élections, un candidat déjà décédé avait remporté plusieurs milliers de votes. On dirait que les gens déposent leurs bulletins n'importe où, pour n'importe qui. On dirait même qu'ils préfèrent les zombies, les débiles, les fous doux et les fous furieux.

La vie politique réserve souvent des situations fâcheuses, embarrassantes. Dans cette compétition, je vais devoir affronter malgré moi de vieilles connaissances. Il y a déjà une décennie, j'avais dû renoncer à la présidence parce que l'un de mes anciens disciples était aussi candidat. Par élégance de gentleman, je n'avais pas voulu le confronter. Je ne voulais pas être accusé de « child abuse » par mes collègues américains. Dans un élan de générosité et de grandeur d'âme, j'avais sacrifié mes ambitions personnelles pour lui permettre de gagner à ma place. À ma grande déception, il ne remporta que 0.16% des voix.

De ce fait, je suis devenu plus pragmatique. Je suis prêt à batailler sans relâche, à gourmer avec n'importe qui. Comme disait le Doc : « Je ne veux voir personne sur mon chemin, excepté moi-même. »

Parmi mes compétiteurs, il y a cette fois un ancien condisciple. Tant pis pour lui ! Je dois concéder qu'il fut un brillant collégien tandis que moi, j'étais en rupture de ban dans les classes secondaires. Pendant qu'il suait sang et eau pour garder la première place, moi, je riais en catimini de la tête à massacre du professeur de latin.

Ayant obtenu mon CEP (Certificat d'études primaires), j'étais comme le petit Nicolas : tout à fait satisfait ! Je ne savais pas qu'un jour mon avenir allait dépendre de ce même sigle : CEP (Conseil électoral provisoire).

Résultats du certif. Yeah ! Pour la première fois de ma vie, j'entendais citer mon nom à la radio. Quelle volupté ! Je ne savais pas que mon patronyme allait sonner si bel sur les ondes. Un vrai titre de noblesse. En ce jour faste du mois de juillet, j'ai ressenti de la chair de poule. Un sentiment d'orgueil inimaginable. J'ai versé des larmes de joie qui avaient le goût, la succulence d'un petit salé aux lentilles.

J'avais le cœur content, la tête altière, le nez en émoi.

Avec ce parchemin, j'étais arrivé ; devenu un intellectuel au sens fort du terme. Sur le plan scolastique, je venais de dépasser la plupart des gens de Cité Manigat et des indigents de la cour Bréa et de Cité Beauboeuf.

En ce temps-là, Papa Doc exportait les maîtres d'école afin d'augmenter le taux d'analphabétisme. Le certificat qu'il voulait surtout émettre jour et nuit, c'était l'acte de décès. Il n'hésitait pas à faire citer à la radio, de manière répétitive, les noms des malheureux récipiendaires. En guise de mention, il ajoutait : Absent.

Le certif, hum. Mes voisins étaient fiers de moi et ne le cachaient pas. Dans les yeux, dans la bouche, ils avaient une charge de compliments effusifs. Man Fifine n'en demandait pas mieux.

Néanmoins, deux ans plus tard, le charme était rompu. A l'âge stérile de 13 ans, je semblais avoir devant moi une inquiétante carrière de cancre. Je maronnais les cours à cause de ces fameuses déclinaisons latines : *rosa, rosam, rosae*. Dans mes rêveries d'adolescent, je me refugiais avec les demoiselles dans les champs de canne à sucre de *Ager, Agrorum, Agròs*.

C'est bon pour moi ! Mon ancien condisciple, Me Harry Innocent, est devenu l'avocat le plus notoire et le plus achalandé de la capitale. De mon côté, j'ai été réduit pendant longtemps à un obscur petit poste d'instituteur subalterne touchant soixante dollars.

Le succès scolaire mène à tout, même au bonheur conjugal. J'ai été tellement jaloux de ses réussites et de ses conquêtes que ce matin encore je me suis réveillé avec une aigreur d'estomac.

Harry avait non seulement monopolisé la place de premier, il a eu également le toupet d'épouser, en temps opportun, la plus jolie fille de notre promotion. La cérémonie nuptiale s'est déroulée en grande pompe à la basilique de Sainte-Bernadette, dans mon fief de Martissant. Sous les applaudissements frénétiques des badauds, la sirène de leur limousine chantait le glas de mes folles espérances.

Je n'arrive pas à trouver, ni en créole ni en français, les mots justes pour lancer mon défi à la gaguère électorale : I am the comeback kid. Let's get ready to rumble. I shall return !

Maître Isidore aurait été heureux de savoir que deux de ses anciens potaches sont en même temps candidats. Qui sait s'il n'a pas une douzaine d'autres élèves parmi les 71 concurrents qui briguent le poste de président ? Il enseignait un peu partout à Papadopolis avant d'ouvrir son école à la rue des Fronts-Forts. Ayant été lui-même candidat, Me Isidore aurait eu la consolation de concrétiser son rêve présidentiel par personne interposée. Très certainement, il se serait trompé sur le futur gagnant. Les astres ne mentent pas ; selon l'alignement des étoiles et les signaux de la pleine lune, c'est mon moment à moi.

En souvenir de toutes ces années de déclinaisons latines, d'analyses grammaticales et logiques ; en souvenir des points d'interrogation et du point-virgule ; en souvenir des pièces classiques, des Andromaque, des Chimène et des Esther en rut de nos classes de français, j'ai l'intention d'offrir à mon ancien condisciple le ministère de son choix, un poste diplomatique à Porto Rico, au Costa Rica, en

Argentine, ou n'importe quelle autre sinécure lucrative pour *caler ouest*, pour *caler son dada* comme il veut.

Face à l'imminence de mon raz-de-marée électoral, la décision la plus sage serait de se rallier à Moi, de supporter ma candidature.

Si par malheur je ne gagnais pas (le mal existe, le monde est méchant), je ne vais pas faire de vieux os dans les cadastres de la politique. Je vais tourner la page.

Je veux être président ou rien !

Parfois, il faut se méfier de ce que l'on souhaite. On obtient le poste tant convoité et on s'attire des ennuis, des sortilèges de toutes sortes. Ah, le dur métier de durer. Récemment, un Premier ministre à peine installé a failli rendre l'âme au milieu d'un discours très important sur la sécurité publique : « Mèt kò veye kò. Chacun pour soi, Je pour tous ! »

Technocrate de son état, médecin à ses heures perdues, il s'est sauvé la vie in extremis.

Dans le pire des cas, on devient président et c'est le pèlerinage nocturne vers le pays sans chapeau. On entre tout de go dans la liste de ceux « que la mort exila. »

Cortège présidentiel, cortège de malheurs, cortège funèbre. Qu'importe. L'essentiel, c'est de trouver sa voie avec sa sirène dans les embouteillages qui mènent vers l'au-delà. A bien y regarder, un politicien estimé, c'est celui qui monte dans les sondages après sa mort réelle ou supposée.

En attendant le jour J, je prends soin de mon corps avec une énergie renouvelée. Je veux arriver au pouvoir au sommet de la forme, en pleine possession de mes moyens. La marche à la présidence a commencé sur le treadmill. J'avale du terrain à toute bouline. Je fais sur place des dizaines de kilomètres qui m'amènent chaque jour sur le mont de Vénus.

Mardi dernier, au cours de mon examen médical, cette charmante infirmière a été surprise de constater une montée en flèche de mon taux de testostérone. Un peu gêné par cette tumescence grossière et têtue, j'ai dû m'excuser auprès d'elle en confessant que je suis candidat à la présidence de mon île. Elle a paru troublée, désorientée, hésitante, comme si elle avait quelque chose en tête. Elle avait vite compris que le pouvoir, réel ou anticipé, est plus efficace que les pilules et promet des aventures inoubliables dans un monde en bleu.

Le nombre de mes amies intimes sur Fessebook a atteint son point culminant. Les nouvelles demandes d'amitié arrivent de toutes parts des endroits les plus suggestifs : le Monténégro, les Pays-Bas, la Géorgie, les Îles Vierges, Sainte-Lucie, les Seychelles, et cætera.

En prévision de ma victoire inéluctable, je reçois des billets doux, des demandes en mariage, des propositions indécentes. On m'envoie des résumés de 20 pages, des photos en tenue légère, des certificats de santé, de bonne vie et mœurs. Je reçois des demandes de réconciliation de mes 4 anciennes épouses. On m'y mêle. On me twitte. On me Tik Tok. On me cuisine à petit feu. On me chatouille les sens avec des messages câlins sur Instagram. On m'envoie des baisers virtuels et des cœurs écarlates.

Moi, je garde la tête froide. Zulie m'a fidélisé. Ah, cette femme !

Je présume que l'ascension à la présidence ne sera pas chose facile. Dans ce combat au finish entre ange et démons, je vais devoir affronter des adversaires coriaces, des concurrents de haut vol parmi lesquels on compte des dealers politiques, des corrompus triés sur le volet, des avocats ripoux, des ingénieurs si vils, des parlementeurs, des cultivateurs de cactus et d'aloès à la Savane Désolée. Et cela sans compter les figurants, les illustres inconnus, ceux qui ont déjà inscrit sur leur carte de visite le titre de candidat malheureux. Sans oublier les ennemis intimes, mes anciens associés aux jeux de *zo*, de dominos et de poker.

La campagne bat son plein de paroles en pile. A la radio, on croit pouvoir me poser des questions épineuses. Des pièges à cons. « Auriez-vous l'intention de mobiliser les Forces armées dans la lutte contre les bandits ? » En général, je réponds aux questions par des questions : « L'Armée avait-elle levé le petit doigt pendant les vêpres dominicaines ? Les hommes en kaki avaient-ils protégé la population contre les sentinelles bleues pendant les trois décennies de la dictature ? »

Lorsque le cœur m'en dit, je réponds aux questions avec des formules laconiques et lapidaires. Ce qui fait ma force dans la compétition électorale, c'est la concision de mes déclarations. Ce que mes adversaires politiques auraient dit en dix heures d'antenne, je l'exprime avec plus de force et de clarté en deux ou trois phrases anodines. Je reste à l'écart de la radotologie, cette nouvelle science sociale inventée par le professeur Pierre-Antoine.

Dans la presse, on se plaint amèrement de tous ces lunatiques qui se sont inscrits au Conseil électoral. Face à ma candidature d'homme providentiel, ils n'auront aucune chance. Je soupçonne ces candidats de s'intéresser surtout au financement promis aux partis politiques. Ce sont pour la plupart des filous sans envergure qui dirigent des particules de circonstance.

« N'oublie pas de te rappeler de moi, non ! C'est le ministère des Affaires étranges que je voudrais avoir. » Certains de mes partisans refusent de comprendre qu'il est trop tôt pour moi d'assigner des postes et de former mon cabinet. Pour assouvir leurs ambitions, je vais devoir créer d'autres entités administratives : le ministère des Affaires inutiles et le ministère de la Crème à la glace.

Je viens d'embaucher une firme sicilienne en vue d'encadrer sur le terrain ma campagne présidentielle. Il m'a été conseillé à nouveau de publier des articles percutants et de ne pas me faire de soucis au sujet des candidats qui bavardent dans les stations, chez des marchands de micros. Ils croient avoir le vent en poupe, mais ils se trompent énormément.

Selon les recommandations de la firme sicilienne, je devrais calibrer mon message en vue de plaire davantage aux femmes qui représentent la majorité des voix.

Plus de cent partis politiques se sont inscrits en vue de participer aux élections. Mon pays a derechef gardé le trophée dans le livre Guinness des records. Le Conseil électoral risque de ne pas avoir assez de zéros pour distribuer à tous ces candidats malheureux.

J'ai déjà soumis ma candidature sur le site web du Conseil. J'ai été surpris de trouver dans le formulaire électronique des questions bizarres : « Savez-vous chanter ? Savez-vous rouler les gens dans la farine de banane ? Savez-vous descendre votre pantalon en public ? Savez-vous dire des mots sales ? »

Je ne savais pas que ces talents, que ces aptitudes, faisaient partie des qualifications du chef de l'Etat. Enfin, je ne sais pas. Je pourrais essayer de faire des répétions avec les gros mots. Je pourrais apprendre à guetter la maman de mes adversaires.

Ma Zulie, compagnonne bon chic bon genre, en serait horrifiée. Mais, à la guerre comme à la guerre.

Au cours des semaines à venir, il faudra s'attendre à des défections officielles au sein de plusieurs partis. Les demandes d'adhésion à ma personne se multiplient à un rythme effréné. Dans le camp de mes concurrents, c'est la débandade généralisée.

Selon mon correspondant sur place à Papadopolis, à chaque fois qu'un voilier, un *bois-fouillé,* passe dans les eaux territoriales, tout le monde paie attention ; à chaque fois qu'un avion plane dans le firmament, tout le monde lève la tête. Mes zélés partisans attendent mon retour avec une impatience insoutenable. Les gangsters des bidonvilles et des territoires perdus sont en mode panique. Ils s'arrachent les cheveux. Ils font des tentatives d'intimidation et des menaces de mots : « *Deyò, deyò nèt* ! »

Je reçois des appels anonymes, des menaces atterrantes. On veut me caponner, me forcer à jeter l'éponge. Selon le malfrat Jimmy C. Barbecue, mon certificat de décès a été déjà imprimé. Je serai placé à l'article de la mort si j'ose pointer le nez avec ma sirène aux confins des frontières maritimes.

Depuis l'annonce officielle de ma candidature, je n'arrive plus à trouver le repos du juste. Je rêve debout. Je rêve de Te Deum dans les ruines de la Cathédrale. Je rêve de discours d'investiture à la lumière des baleines. Je rêve de tapis rouge sous mes pas de papa tout d'un coup. Je rêve de musique martiale de la fanfare du Palais de Sans-Souci.

Libéré des carcans du quotidien, mon imagination vogue sur de hautes vagues.

Les appels téléphoniques arrivent en série. Des chercheurs d'or du Colorado font la queue sur la ligne en vue d'échanger quelques mots avec moi. Ils auraient été recommandés par un certain monsieur Clinton. Des investisseurs allemands de Vankokengladbach et de Düren posent des questions incessantes sur les ressources minières. La plupart du temps, je me retrouve avec deux téléphones aux oreilles en train d'explorer des contrats juteux pour mon pays.

Il y a autour de moi une atmosphère de triomphalisme qui galvanise les adhérents les plus timides. Qu'on le veuille ou non, je suis le candidat qui offre une alternative. Des amis qui hier encore me maronnaient à cause de mes tendances « mégalomaniaques », m'envoient maintenant des messages urgents. Le culte de ma personnalité a atteint son pinacle. On me fait des compliments à outrance : « Vous êtes un camarade qui...Vous êtes un leader que... C'est la première fois qu'on...»

Mes censeurs d'hier sont devenus encenseurs. L'encens me monte à la tête jusqu'à me donner le vertige de la Citadelle Laferrière.

À ce rythme, je risque de passer à l'asile psychiatrique avant d'arriver aux abords du palais aux 365 portes.

Je crois entendre déjà ma chère Zulie en train de me lire (avec son subtil accent de sirène antillaise) *Le journal d'un fou* de Gogol qu'interprétait avec tant d'éloquence et de finesse le poète martyr, Richard Brisson.

Made in the USA
Columbia, SC
05 April 2025